독자의 1초를
아껴주는 정성을
만나보세요!

세상이 아무리 바쁘게 돌아가더라도 책까지 아무렇게나 빨리 만들 수는 없습니다.
인스턴트 식품 같은 책보다 오래 익힌 술이나 장맛이 밴 책을 만들고 싶습니다.
땀 흘리며 일하는 당신을 위해 한 권 한 권 마음을 다해 만들겠습니다.
마지막 페이지에서 만날 새로운 당신을 위해 더 나은 길을 준비하겠습니다.

모두의 한국어 텍스트 분석 with 파이썬

KOREAN TEXT ANALYSIS FOR EVERYONE

초판 발행 · 2023년 5월 29일

지은이 · 박조은, 송영숙
발행인 · 이종원
발행처 · (주)도서출판 길벗
출판사 등록일 · 1990년 12월 24일
주소 · 서울시 마포구 월드컵로 10길 56(서교동)
대표 전화 · 02)332-0931 | **팩스** · 02)323-0586
홈페이지 · www.gilbut.co.kr | **이메일** · gilbut@gilbut.co.kr

기획 및 책임편집 · 이원휘(wh@gilbut.co.kr) | **디자인** · 여동일 | **제작** · 이준호, 손일순, 이진혁, 김우식
영업마케팅 · 임태호, 전선하, 차명환, 박민영, 지운집, 박성용 | **영업관리** · 김명자 | **독자지원** · 윤정아, 최희창

교정교열 · 이미연 | **전산편집** · 박진희 | **출력·인쇄·제본** · 금강인쇄

ISBN 979-11-407-0452-1 93000
(길벗 도서번호 080328)

정가 27,000원

독자의 1초를 아껴주는 정성 길벗출판사

(주)도서출판 길벗 | IT교육서, IT단행본, 경제경영서, 어학&실용서, 인문교양서, 자녀교육서 www.gilbut.co.kr
길벗스쿨 | 국어학습, 수학학습, 어린이교양, 주니어 어학학습, 학습단행본 www.gilbutschool.co.kr

페이스북 · www.facebook.com/gbitbook
예제 소스 · http://github.com/gilbutITbook/080328

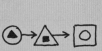

모두의
한국어 텍스트 분석

with 파이썬

기초부터 챗GPT까지,
누구나 쉽게 시작하는 자연어 처리

박조은, 송영숙 지음

길벗

딥러닝이 세상을 먹어 치우고 있다. 텍스트 처리도 딥러닝이 등장한 이후 RNN, LSTM, CNN을 거쳐 Transformer가 대세가 되었고 이를 기반으로 BERT, RoBERTa, BART, GPT 같은 다양한 사전 학습 언어 모델(Pre-Training Language Model)이 출시되었다. 이후 덩치 싸움이라도 하듯 파라미터 크기가 베이스, 라지(Large)를 넘어 초대형 사이즈를 자랑하고 있다. 구글의 LaMDA가 1,300억 파라미터, OpenAI의 GPT-3가 1,700억 파라미터, 엔비디아와 마이크로소프트의 MT-NLG가 5,000억 파라미터. 최근에는 GPT-3(GPT-3.5)를 기반으로 한 대화형 인공지능 서비스 ChatGPT가 출시되어 세상을 놀라게 하고 있다. 이런 초거대 언어 모델은 일반 개발자나 연구자도 범접하기 어렵다. A100(H100) 같은 최신 GPU 클러스터를 갖추고 있는 구글이나 마이크로소프트(국내에는 네이버나 카카오) 정도, 또는 막대한 비용을 지출해 구글이나 아마존 클라우드의 GPU 클러스터를 사용할 수 있는 회사만 가능하다. 그러면 어떻게 해야 할까? 이 책에 해답이 있는 것 같다.

Back to the basic. 기본으로 돌아가라는 말이 있듯이
〈모두의 한국어 텍스트 분석 with 파이썬〉이 도움이 될 수 있다.

이 책은 기본이 되는 부분과 다양한 예제를 쉽고 재미있게 다루고 있다. 먼저 파이썬 언어를 이용한 문자열 처리와 분석 데이터를 처리하는 데 필요한 판다스와 넘파이를 설명한다. 개인적으로 프로그래밍 언어를 새로 공부할 때 처음 공부하는 부분이 그 언어의 문자열 처리 기능이다. 그만큼 언어 처리하는 이에게는 기본 지식이다. 판다스, 넘파이는 파이썬을 통해 데이터 분석을 넘어 딥러닝을 배우기 위해서 필수로 알아 둬야 할 라이브러리다. 이후 연합뉴스 타이틀, 국민청원 데이터, 인프런 댓글 데이터 등을 사용해 점진적으로 텍스트 분석에 필요한 기술을 확장해가며 설명한다.

이 책은 기본을 이해하고, 실제 사용 방법을 익힐 수 있는 매우 좋은 책이다. 초보자부터 전문가까지 모두에게 유용한 자료가 되기를 기대한다.

고병일_카카오엔터프라이즈 자연어 처리 개발자

인공지능은 최고 실력자의 바둑 대결로 주목받던 '알파고와 이세돌 대전'을 지나, 지금은 예술의 창의성 분야까지 그 영역을 꾸준히 넓혀가고 있습니다. 인공지능은 우리가 모르는 사이 삶에 깊숙하게 파고들었으며 그 발전 속도와 성능은 세상을 놀랍게 하고 있습니다. 급격하게 발전하는 인공지능 분야에 아직 발을 들여놓지 않았다면 〈모두의 한국어 텍스트 분석 with 파이썬〉은 하나의 계기를 만들어 줄 좋은 책입니다.

이 책은 이론 설명에서 멈추지 않고,

데이터 획득, 코드 실습 방법을 알려 주면서

일반인도 쉽게 보고 만지면서 이해할 수 있게 해 줍니다.

또한, 동영상 강의까지 제공함으로써 1대 1 과외를 받는 듯한 편리성까지 갖추고 있습니다. 현재 세계적으로 뜨거운 이슈인 ChatGPT까지 다룬 것을 보면 트렌드에 맞춰 잘 기획된 책이라고 느꼈습니다.

첫 장을 들추고 마지막 장을 덮기까지 책을 손에서 놓기가 어려운 짜임새, 읽기 쉬운 문장들이 저자의 지식을 독자에게 쉽게 전달하기 위해 정성을 많이 들였다는 것을 알 수 있었습니다.

인간의 언어를 기계가 어떠한 방법으로 이해하는지 체계적이고 쉽게 알고 싶다면 이 책을 추천합니다. 그리고 이런 고마운 책을 내 주신 저자분들께 깊이 감사드립니다.

전창욱_LG AI Research

평소 학생들에게 자주 받는 질문 가운데 하나가 "앞으로 전산 언어학 분야의 전문가로 성장해 나가려면 어느 정도의 프로그래밍 실력을 갖춰야 하나요?"라는 것입니다. 아주 원론적으로 답변하면 프로그래밍 실력은 좋으면 좋을수록 좋지만, 우선은

"지금 당장 구체적인 프로젝트를 수행하는 데 필요한 만큼만 실력을 쌓고
많이 부딪혀 보라!"

하는 것입니다. 그러면 또 이어지는 질문은 '필요한 만큼'이 어느 정도냐는 것입니다. 이 질문에 답하려면 실례(實例)가 필요한데, 그 실례를 만들기가 쉽지 않습니다. 다행히 그러한 실례를 충분히 담고 있는 책이 나왔다는 점에서 저는 이 책을 아주 고무적이라고 평가합니다.

우리가 처음 운전을 배울 때, 자동차에 대한 모든 것을 알 필요도 없고 누가 그렇게 가르쳐 주지도 않습니다.

자동차를 운전할 수 있는 기본 요령만 알고 시작하면 됩니다.

그렇게 운전에 재미를 붙이고 익숙해지고 난 뒤에 하나씩 자동차에 대해서 알아가면 됩니다. 자연어 처리도 이와 비슷합니다. 이 책은 초심자가 처음 이 분야에 발을 들일 수 있도록 친절하게 길라잡이 역할을 하고 있습니다.

책의 내용을 차분히 따라 하다 보면, 어느새 작은 규모의 프로젝트를 손수 구성해 볼 수 있을 것입니다. 입문자에게는 더할 나위 없는 구성이니, 자연어 처리의 진입 장벽 앞에서 머뭇거리고 있는 분들께 적지 않은 도움이 될 것으로 생각합니다.

송상헌_고려대학교 언어학과

초심자가 따라갈 수 있을 정도의 친절함과 필요한 내용만 담은 간결함, 두 마리 토끼를 동시에 잡은 책입니다. 옛날에 웹툰 동향을 알기 위해, 시행착오를 겪어가며 R로 댓글 분석을 진행한 일이 있습니다. 그때 이 책이 있었더라면 파이썬으로 더 편하게 했을 텐데요!

김태권_만화가

초심자가 이해하기 쉽게 설명한 내용들, 실행하며 따라 하기 좋은 예제 코드들이 가니시(garnish)처럼 매력을 더해 줍니다. 특히 후반부의 매력적인 프로젝트들은 자연어 처리로 무엇을 할 수 있는지 궁금한 분들이 이 책을 펼치게 만들어 줄 것입니다.

김현_자연어 처리 연구자

한글 텍스트 분석을 시작할 때 모두가 참고하던 명강의가 드디어 책으로 탄생했다는 기쁜 소식을 듣고 한걸음에 베타테스트를 신청했습니다. 손에 잡히는 예제들을 차곡차곡 쌓아 올린 뒤, 실무에서 사용할 수 있을 만큼 흥미로운 프로젝트 사례까지 차근차근 실습해 볼 수 있어서 좋았습니다. 자연어 처리를 처음 시작하는 모두에게 가장 좋은 길잡이가 되어 줄 것입니다!

송석리_서울고등학교 교사, 〈모두의 데이터 분석〉 저자

유튜브 강의로 이미 검증된 내용을 책에 담았기 때문에 무겁지 않고 가볍게 볼 수 있었습니다. 이 책을 통해 텍스트 분석과 조금 더 가까워질 것입니다!

송진영_데이터 분석가, 방송통신대학교 통계학과

누구나 궁금할 만한 실제 예제를 통해 가볍게 텍스트 분석을 익힐 수 있습니다. 구글 코랩을 이용해 원격으로 실습하게 되어 있어서 누구나 어디서나 공부할 수 있고, 텍스트 분석 전 과정을 다양한 측면에서 즐겁게 체험해 볼 수 있는 입문서입니다. 파이썬에 대한 약간의 기초만 있다면 누구나 쉽게 볼 수 있는 도서로, 추천합니다!

이요셉_솔루티스 그린솔루션연구소 실장

텍스트 데이터를 분석하는 것은 어렵지만, 숨겨져 있는 빅데이터 정보를 발견하게 해 줍니다. 그러려면 가설에 필요한 데이터를 찾고, 분석에 활용할 수 있는 능력을 갖춰야 합니다. 초심자에게는 여러 산업 분야에 적용할 수 있는 텍스트 분석이 어렵습니다. 이 책이 많은 분께 입문서가 되어 기본 실습 도구로 활용됐으면 합니다. 자연어 처리 분야에서 오랫동안 교육과 연구에 전념해 온 두 분이 함께 내신 책인 만큼 사례 위주로 접근해 나의 연구에 적용해 볼 것을 권합니다. 데이터 분석 내용은 한 번에 이해하기는 어려우므로 책을 여러 번 보면서 포기하지 않고 끊임없이 도전해 나의 것으로 만드는 것이 가장 중요합니다. 실생활에 가까운 정보들이 우리에게 다가오는 것은 금방입니다. 텍스트 분석은 해당 분야를 전공한 개발자나 연구자뿐만 아니라 다른 백그라운드를 지닌 개발자, 사업을 기획/운영하는 사람, 도메인 전문가 들이 21세기에 꼭 배워야 할 기술 중 하나라고 생각합니다.

이상열_데이터 분석가, 엔픽셀 데이터사이언스 셀장

자연어 처리 전성 시대에 텍스트 분석에 대한 다양한 예제와 자세한 설명이 담긴 책이 나와서 너무 즐겁게 읽었습니다. 실습에 필요한 내용도 꼼꼼하게 잘 들어 있고, 코드에 대한 설명도 이해하기 쉽게 되어 있어서 텍스트 분석에 입문하는 분도, 경험이 있으신 분도 많은 도움을 받을 것입니다.

이진원_뉴블라 CTO, AI 반도체 개발 및 AI 알고리즘 연구

최근 ChatGPT 이슈를 보고 있으면 기술에 압도되곤 한다.

"사소한 텍스트 처리 방법을 배워 언제 거대 모델을 만들 수 있을까?"

초거대 모델의 엄청난 성능을 볼 때면 비교적 적은 데이터와 간단한 작업으로 무엇을 할 수 있을지 고민이 된다. 하지만 초거대 모델도 작은 시도에서 시작됐을 것이다. 최근 모델은 코드 한두 줄의 API만 있다면 이미지나 텍스트를 생성해 내거나 질문을 하면 마치 사람처럼 답변을 준다. 하지만 텍스트로 직접 작고 간단한 모델이라도 구현하려면 어디에서부터 시작해야 할지 난감하다.

텍스트 분석을 하며 다양한 도메인의 다양한 전공자들을 만나면서 어떻게 쉽게 기술과 내용을 전달할 수 있을지 고민했던 과정이 모여서 이 책이 되었다. 하루가 다르게 새로운 연구가 쏟아져 나오는 시기에 텍스트 분석의 기본을 익혀 보는 데 좋은 시작점이 되었으면 하는 바람이다.

함께 책을 쓰자고 먼저 제안해 주신 송영숙 님이 없었다면 아마 시작조차 하지 못했을 것이고, 시작할 수 있는 용기를 주신 송석리 선생님께, 게으르게 책을 쓰는 동안 기다려 주신 길벗출판사 이원휘 편집자님께, 베타 리딩과 추천사를 작성해 주신 동료분들께 깊은 감사를 드린다. 늘 응원해 주는 친구들과 가족에게도 사랑과 감사의 마음을 전한다.

2023년 4월

박조은

필자가 처음 이 필드에 들어왔을 때는 이렇게 생각했다.

"한국어 텍스트 분석 책이 없으면
영어 텍스트 분석하는 방법이랑 똑같이 하면서
글자만 한글로 바꾸면 되는 거 아닌가?"

하지만 처음 시작하는 사람은 한글이 깨져 보이면 'UTF-8 인코딩'이란 단어를 검색해야 하는 것을 모른다. 또한, 어떤 데이터로 시작해야 할지도 막막하고, 책이나 강의에서는 잘 돌아가는 코드가 내가 하면 에러가 나는 이유를 매번 누군가에게 물어보기도 어렵다. 누구나 그렇다. 아는 사람이 보면 아주 낮은 턱이라도 모르는 사람은 넘기가 어렵다.

이 책이 위 문제들을 모두 해결하지 못했다는 점도 고백한다. 한정된 지면에 문자로 정보를 제공하는 책에서 다루기에는 많은 어려움이 있었다. 한국어로 된 다양한 텍스트를 다루면서, 데이터를 바꾸면서 달라지는 부분을 익히고, 같은 부분은 반복하면서 자연스럽게 넘파이, 판다스, 사이킷런을 익힐 수 있도록 고심해서 구성했다. 그런데도 3장에서 4장으로 넘어갈 때 난이도가 점프한다는 느낌을 받을 것이다. 하지만 6장을 넘어서면 드디어 2년 차 직장인처럼 "아! 비슷비슷하구나!" 하고 느낄 수 있기를 소망한다.

버전이 안 맞아서 안 되는 부분은 스스로 수정한 후 깃허브에 올려 보면 공부하는 데 도움이 많이 될 것이다. 잘 안 되어도 포기하지 말고 문의를 남겨 해결한 뒤 계속 공부하기를 바란다. 또한 데이터를 창의적으로 해석하는 부분은 이 책이 담을 수 있는 범위를 넘어서므로 생략했다. 독자분들이 창의적인 부분에도 도전하면서 수동적 독자가 아닌 적극적 동반자로 함께하기를 바란다. 그 후에는 텍스트 분석의 방법이 딥러닝의 블랙박스를 밝히는 데도 도움이 될 것이다.

마지막으로 이 책이 나오기까지 함께해 준 공저자 박조은 님과 너무나 열정적으로 베타 리뷰해 준 김태권, 김현, 송석리, 송진영, 이상열, 이요셉, 이진원 님과 동료들, 은사님들, 추천사를 써 주신 전창욱 님, 고병일 님, 송상헌 교수님, 편안하게 리드해 주신 이원휘 편집자님께 깊은 감사의 말씀을 전한다. 이분들이 없었다면 이 책은 나오지 못했을 것이다. 그리고 늘 한결같은 마음으로 기다려 주신 부모님 '송태호, 유영자' 두 분께 깊은 감사와 사랑한다는 말씀을 전한다. 건강하고 편안한 날들이 함께하길 바라면서…

2023년 4월

송영숙

이 책에
대하여

이 책의 목표

프로그래밍 관련 종사자가 아니더라도 수많은 텍스트를 통해 의미를 찾거나 연구하려는 사람들은 자연어 처리 관련 전문 서적으로 연구나 과제에 적용하기에 어려움을 느낄 수 있다. 이 책은 파이썬이나 프로그래밍이 처음이라도 텍스트 분석에 대한 기초를 배우고 기본적인 텍스트 분석을 하는 데 의의를 두고 있다.

텍스트 분석을 하기 위해 코드를 일일이 밑바닥부터 작성해서 구현할 수도 있다. 하지만 이 책에서는 미리 구현된 파이썬의 훌륭한 도구들을 사용해서 텍스트를 분석한다. 밑바닥부터 코드를 쌓아 올릴 수도 있지만 이미 텍스트 분석에 사용되는 공통 코드 수백 줄이 추상화 라이브러리나 패키지로 구현되어 있다. 덕분에 코드 몇 줄이라는 상대적으로 적은 노력으로 강력한 기능을 구현할 수 있으므로 생산성이 높다.

하지만 이런 장점에 비해, 내부를 제대로 이해하지 못한 채 사용한다는 단점도 있다. 최근 나오는 머신러닝 또는 딥러닝 모델의 API를 보면 점점 더 간단한 API를 통해 프로그래밍, 통계, 수학에 익숙하지 않더라도 그럴 듯한 모델을 구현하고 배포할 수 있게 해 준다.

이 책은 강력한 추상화 도구의 사용법, 도구를 이해하기 위한 기본 이론, 이를 적용한 사례를 소개한다. 복잡한 것보다 단순한 것이 낫다는 파이썬의 철학처럼 내부는 복잡할지라도 단순하게 구현된 파이썬의 데이터 분석 도구를 활용해 텍스트 데이터 전처리, 분석, 분류, 군집화 등의 사례를 알아본다.

이 책의 구성

| 1장 | 코랩 실습 환경을 소개한다. 이 책의 예제는 모두 코랩 링크로 실행할 수 있다. 지메일 계정과 인터넷이 되는 환경이라면 클릭만으로 이 책의 소스 코드를 실행해 볼 수 있게 구성했다. |

| 2장 | 텍스트 분석을 위한 파이썬 기초를 다룬다. 파이썬이 처음이라도 기본 내용을 이해하고 사용할 수 있도록 구성했으며, 특히 문자열 메서드를 통한 텍스트 데이터 전처리에 필요한 내용 위주로 다룬다. |

| 3장 | 텍스트 분석을 위한 필수 파이썬 라이브러리와 기초 사용법을 소개한다. 판다스를 통한 표 형태의 데이터 프레임과 시리즈 형태의 데이터를 다루는 방법, 시리즈 문자열 접근자를 통한 텍스트 데이터 일괄 전처리 기능을 주로 다룬다. 넘파이를 통한 간단한 계산 기능과 다차원 배열 연산도 소개한다. |

4장   머신러닝이나 딥러닝 라이브러리를 통해 텍스트 데이터를 분석하려면 텍스트를 수치 형태의 데이터로 변환하는 작업이 필요하다. 대표적인 텍스트 벡터화 방법인 사이킷런을 활용한 단어 가방(BOW) 모형, TF-IDF를 통한 텍스트 데이터 벡터화 방법을 소개한다.

5장   KLUE 데이터를 활용한 연합뉴스 타이틀 주제 분류를 다룬다. 연구 목적으로 만들어진 KLUE의 연합뉴스 타이틀 데이터는 텍스트가 짧기 때문에 용량이 큰 텍스트를 다루기 전에 입문용으로 분류해 보기 적당하다. 연합뉴스 타이틀 텍스트 데이터를 로드하고, KoNLPy로 특정 품사를 제거하고, 어간을 추출하는 전처리 작업을 진행해 본다. 이어서 벡터화해 사이킷런의 머신러닝 모델을 사용해 분류하고, 분류 결과의 정확도를 측정해 본다.

6장   국민청원 텍스트를 사용해 기본적인 텍스트 분석을 실습해 본다. 파이썬으로 작성된 형태소 분석기인 soynlp로 명사를 추출하고, 워드클라우드로 시각화한다. 그리고 전처리되어 있지 않은 제목과 청원 내용을 가져와서 분석하고, 분류 모델을 통해 투표를 평균보다 높게 받을지 낮게 받을지 분류해 본다.

7장   120다산콜재단 데이터를 활용해 잠재 디리클레 할당(LDA)을 통한 토픽 모델링과 유사도 분석을 진행한다. 어떤 주제의 질문 내용인지 분류하기 위해 순환 신경망(RNN) 딥러닝 모델을 사용해 분류하며, 시퀀스 방법으로 텍스트 데이터를 벡터화하고 임베딩한다.

8장   비즈니스 관련 데이터를 다루다 보면 정제되지 않은 텍스트 데이터에서 인사이트를 얻고자 할 때가 있을 것이다. 온라인 IT 교육 플랫폼 인프런의 이벤트 텍스트를 통해 이용자들의 관심사를 비슷한 주제의 텍스트끼리 모아서 군집 분석을 실습해 본다.

9장   ChatGPT를 사용해 보면서 생성 모델의 개념에 대해 간단히 학습한다. 이전에 배운 장에서 이해하지 못했던 부분이나 코드에 대한 추가 설명이 필요하면 ChatGPT에게 질문해볼 수 있다. 질문 후 ChatGPT의 답변이 어렵다고 느껴질 때 질문을 바꾸어 원하는 답이 나올 수 있도록 유도하는 방법도 살펴본다.

이 책의 활용법

예제 코드 및 코랩 코드

이 책에서 사용하는 코드는 별도 환경 설정 없이 구글 코랩에서 바로 실습할 수 있도록 준비했다. 먼저 다음 깃허브 페이지에 접속해 보자.

• https://github.com/pytextbook/pytextbook

1. 깃허브 페이지의 코드 아래 README.md 부분에서 **Open in Colab** 버튼을 누르면 코랩으로 이동해 바로 실습할 수 있다. 자세한 방법은 1장에서 설명하니 이를 참고하기 바란다.

2. 자신의 컴퓨터에서 실습하려면 깃허브 페이지에서 예제 코드를 내려받을 수도 있다. 코드 오른쪽 위에 있는 초록색 **Code** 버튼을 클릭한 뒤 **Download ZIP** 버튼을 클릭한다.

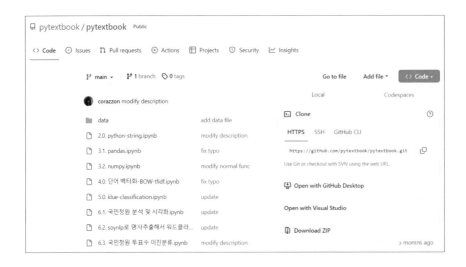

이 책은 오프라인, 온라인에서 진행한 강의를 바탕으로 기술했으며, 일부 내용은 온라인에 올라와 있는 동영상 강의를 참고할 수 있다. 단, 책을 쓰면서 코드를 업데이트하거나 책의 분량 조절을 위해 삭제 및 조정한 부분들이 있다. 책에 다 소개하지 못한 내용이나 새로 업데이트되는 내용도 있으니 참고하기 바란다.

- ▶ 오늘코드 https://www.youtube.com/todaycode
- ▶ 텍스트 분석 재생목록 https://bit.ly/pytextbook-youtube

목차

1장   코랩 시작하기

2장   파이썬에서 문자열 다루기

3장 라이브러리 다루기

7장 '120다산콜재단' 토픽 모델링과 RNN, LSTM

9장   ChatGPT를 사용한 문장 생성 자동화

코랩 시작하기

들어가며

이 책의 목표는 다음 두 가지다.

1 │ 텍스트를 분석하는 데 바탕이 되는 데이터의 기초를 이해한다.

2 │ 코퍼스[1] 또는 텍스트 데이터를 파이썬으로 분석하는 방법을 익힌다.

이를 위해 1~3장에서는 파이썬 실습에 필요한 프로그래밍 기초에 대해 학습할 것이다. 우선 1장에서는 본문에서 사용할 구글 코랩(Google Colaboratory, Colab)에 대해 알아보겠다. 이 책에 나오는 모든 실습은 구글 코랩에서 실행할 수 있다. 처음 코딩을 배우는 사람에게 개발 환경으로 코랩을 추천하는 이유는 코랩이 다음과 같은 장점이 있기 때문이다.

• 파이썬과 파이썬 라이브러리를 이미 설치해 제공하므로 사용하기 편하다.

• 코드뿐만 아니라 설명, 이미지, 영상도 추가할 수 있다.

• 다른 사람에게 내 코드를 공유할 수 있다.

• 구글 드라이브와 호환할 수 있다.

• 마지막으로 이 모든 것을 무료로 사용할 수 있다.

또한, 코랩은 다음 두 가지만 있으면 사용할 수 있다.

1 │ 로그인을 위한 구글 계정

2 │ 크롬(Chrome) 브라우저

그럼, 바로 시작해 보자.

---

1   단순하게는 글 또는 말 텍스트를 모아 놓은 것을 말한다. 자연어 연구용으로 특정 목적을 가지고 언어 표본을 추출한 집합 이라고 보면 된다.

LESSON 01 코랩 실행하기

KOREAN TEXT ANALYSIS FOR EVERYONE

크롬 브라우저에서 구글에 접속해 로그인한다(구글 계정이 없다면 회원 가입 후 로그인한다). 우측 상단의 **Google 앱(❶)**을 클릭해 **드라이브(❷)**로 들어간다.

그림 1-1 | 구글 드라이브 위치

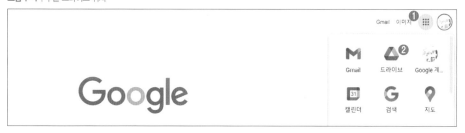

좌측 상단의 **새로 만들기** 버튼을 클릭한 뒤 **더보기(❸)**, Google Colaboratory(❹)를 클릭한다. 만약 Google Colaboratory가 없다면 **연결할 앱 더보기(❺)**를 클릭해 이를 찾는다.

그림 1-2 | 구글 코랩 위치

Google Colaboratory가 아예 없다면 **chrome 웹 스토어**(shorturl.at/nLP36)에서 colab을 검색한다.

그림 1-3 | chrome 웹 스토어

Open in Colab을 클릭하고 **확장 프로그램 추가**를 클릭해 **크롬에 추가**한다.

그림 1-4 | 구글 코랩 설치

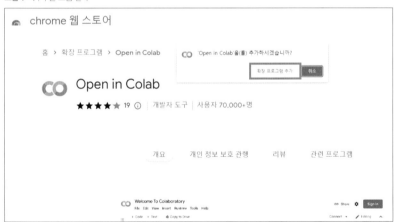

확장 프로그램을 설치한 후 다시 드라이브로 돌아가면 이제 Google Colaboratory를 사용할 수 있다. **Google Colaboratory**를 클릭했을 때 Untitled0.ipynb 파일이 생성된다면 잘 설치된 것이다.

그림 1-5 | Untitled0.ipynb 파일 생성

1 주석

생성된 Untitled0.ipynb 파일에서 맨 위에 있는 제목 부분을 클릭하면 원하는 제목으로 변경할 수 있다. 이 절에서는 주석에 대해 알아볼 예정이니 '텍스트 주석'이라고 제목을 바꿔보자.

주석이란 코드를 작성하면서 코드에 대한 간단한 설명을 붙여 두는 것이다. 메뉴 바 아래에 있는 **+ 코드**로 코드를 넣거나, **+ 텍스트**로 주석을 붙이고 편집할 수 있다. 다음 그림과 같이 주석을 넣어 보자.

그림 1-6 | 구글 코랩 주석

단, 그림 1-6과 같이 그냥 텍스트 설명을 넣으면 코드를 실행시켰을 때 오류가 나므로, 다음 문자를 텍스트에 붙인다.

- 주석이 한 줄일 때: #
- 주석이 여러 줄일 때: 줄바꿈 문자(""""")

```
# 다음은 줄바꿈 문자를 표현한다.

"""
줄바꿈
문자를
표현한다.
"""
```

```
'\n줄바꿈\n문자를\n표현한다.\n'
```

2 단축키

코랩에서 코드를 작성할 때 다음 단축키를 기억해 두면 유용하다.

- 위 셀 삽입: Ctrl/Cmd + m, a
- 아래 셀 삽입: Ctrl/Cmd + m, b
- 셀 실행: Ctrl/Cmd + Enter
- 셀 실행 후 다음 셀로 이동: Shift + Enter
- 셀 삭제: Ctrl/Cmd + m, d
- 셀 수준 작업의 실행 취소: Ctrl/Cmd + m, z

+로 연결된 키는 동시에 누르고, 쉼표(,)로 연결된 키는 순서대로 누른다. 예를 들어 첫 번째 단축키인 Ctrl + m, a는 Ctrl을 누른 채 m과 a를 연달아 누르면 된다.

> **TIP**
> 위에서 소개한 단축키는 m을 제외하면 주피터 노트북에서도 동일하게 사용할 수 있다. 예를 들어 위 셀 삽입인 Ctrl/Cmd + m, a의 경우 주피터 노트북에서는 Ctrl/Cmd + a로 사용할 수 있다. 바꿔 말해 주피터 노트북에서 사용할 수 있는 단축키에서 m을 추가하면 코랩에서의 단축키로 사용할 수 있다.

LESSON 02 코랩에서 실습 코드 열기

KOREAN TEXT ANALYSIS FOR EVERYONE

이 책의 실습 코드는 다음 깃허브 링크에서 코랩 파일로 볼 수 있다.

- https://github.com/pytextbook/pytextbook

코드를 내려받을 필요 없이, 위 링크 하단에 마련된 README.md 부분을 보자.

그림 1-7 | README.md 〉 Open in Colab

> **README.md**
>
> - 2.0. python-string.ipynb `CO Open in Colab`
> - 3.1. pandas.ipynb : `CO Open in Colab`
> - 3.2. numpy.ipynb : `CO Open in Colab`
> - 4.0. 단어 벡터화-BOW-tfidf.ipynb : `CO Open in Colab`
> - 5.0. klue-classification.ipynb : `CO Open in Colab`
> - 6.1. 국민청원 분석 및 시각화.ipynb : `CO Open in Colab`
> - 6.2. soynlp로 명사추출해서 워드클라우드 그리기.ipynb : `CO Open in Colab`
> - 6.3. 국민청원 투표수 이진분류.ipynb : `CO Open in Colab`
> - 7.1. seoul-120-LDA.ipynb : `CO Open in Colab`
> - 7.2. seoul-120-baseline-rnn.ipynb : `CO Open in Colab`
> - 8.0. inflearn-newyear-event-text-analysis.ipynb : `CO Open in Colab`

책 목차에 따라 코랩 실습 파일이 준비되어 있다. 제목 옆의 **Open in Colab** 버튼을 누르면 다음과 같이 코드가 담긴 ipynb 파일이 구글 코랩에서 열린다.

그림 1-8 | 구글 코랩에서 실행된 ipynb 파일

열린 파일의 코드를 직접 실행해 보자. 실행하는 방법은 간단하다. 실행하려는 셀 위에 마우스 커서를 올리면 **실행(▶)** 버튼이 나타나는데, 이 버튼을 누르면 된다. 또는 단축키 Ctrl + Enter를 사용해도 된다.

그림 1-9 | 셀 실행 버튼

처음 실행할 때는 다음과 같은 경고 메시지가 뜨는데, Run anyway를 클릭해 실습을 진행한다.

그림 1-10 | Run anyway

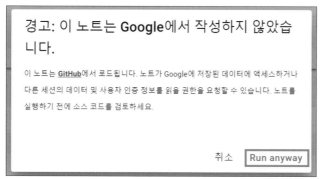

이때 한 가지 주의할 점이 있다. 현재 코랩 파일에서 내가 무언가 수정하거나 추가한 내용은 저장되지 않고 날아간다. 만약 개인적으로 학습한 내용을 구글 드라이브에 남기려면 **파일** 〉 **드라이브에 사본 저장** 기능으로 실습 내용을 내 계정의 구글 드라이브에 남겨 둬야 한다.

그림 1-11 | 파일 〉 드라이브에 사본 저장

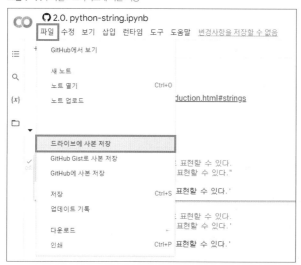

1 코랩 테마

코랩 테마는 기본적으로 흰색인데, 검은색으로 변경할 수도 있다. 오른쪽 위에 있는 톱니바퀴 모양의 **설정(⚙)** 버튼을 눌러보자.

그림 1-12 | 설정 버튼

설정창이 뜨면 **설정 > 사이트 > 테마**에서 **dark**를 선택하면 된다.

그림 1-13 | 설정 > 사이트 > 테마 > dark

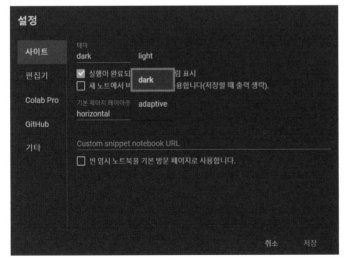

다음 두 링크에서 코랩을 사용하는 다양한 방법에 대한 가이드를 볼 수 있으니 참고하자.

- 오늘코드의 설치 관련 영상: https://www.youtube.com/watch?v=XRBXMohjQos
- 코랩 시작 페이지: https://colab.research.google.com/notebooks/welcome.ipynb

그림 1-14 | 구글 코랩 시작 페이지

2장

파이썬에서
문자열 다루기

LESSON OT
들어가며

KOREAN TEXT ANALYSIS FOR EVERYONE

먼저 왜 파이썬으로 시작해야 하는지 그 이유를 잠깐 생각해 보자. 파이썬은 선순환되는 맛집과 비슷하다. 파이썬의 장점은 사람들을 모으고, 모인 사람들은 다시 파이썬의 장점을 만든다.

- 사용하기 쉬운 고수준 인터페이스라 직관적이기 때문에 다른 언어에 비해 배우기 쉽다.
- 표준 라이브러리가 잘 구현되어 있어 별도의 라이브러리나 패키지를 설치하지 않더라도 내장된 기능(HTTP, FILE I/O, JSON, XML, DATABASE 등)을 사용할 수 있다.
- 간결하고 짧은 코드로 강력한 기능을 구현할 수 있다. 최근 인기 있는 판다스, 맷플롯립, 시본, 사이킷런, 텐서플로 등의 라이브러리나 패키지를 활용하면 수십 수백 줄의 복잡한 기능을 코드 몇 줄로 구현할 수 있다.
- 다양한 도메인에서 많은 사람이 파이썬을 사용하며 방대한 커뮤니티를 이루고 있기 때문에 다양한 이슈와 기여가 있다. 즉, 다양성을 존중하면서 유용한 라이브러리가 만들어지고 꾸준히 업데이트되는 선순환 생태계를 가지고 있다.

이 책에서도 파이썬 라이브러리를 충분히 활용한다. 프로그래밍에 해박하지 않아도 이 책의 절차와 설명을 따라 파이썬 라이브러리를 사용한다면 전문가처럼 텍스트 분석 과정을 경험해 볼 수 있다.

우리는 1장에서 실습에 사용할 구글 코랩을 설정해 봤다. 이어지는 2, 3장에서는 파이썬의 기초를 다룰 것이다.

- **2장**: 텍스트(문자열)를 다루는 데 필요한 파이썬의 기초
- **3장**: 파이썬으로 텍스트를 다룰 때 쓸 수 있는 유용한 라이브러리

위와 같이 3장까지 파이썬의 기초와 라이브러리 사용법을 배운 뒤, 이후부터는 다양한 한국어 데이터에 파이썬을 적용해 볼 것이다.

2, 3장이 파이썬 지식이 있거나 관련 라이브러리를 다뤄 본 경험이 있는 독자에게는 다소 지루할 수 있다. 이 경우 바로 4장으로 넘어가서 본격적인 텍스트 분석을 위한 내용을 시작해도 좋다.

반대로 프로그래밍이나 파이썬에 대한 지식이 많지 않아서 프로그래밍의 기본을 차근차근 공부하고 싶은 독자에게는 오히려 내용이 다소 부족할 수 있다. 이 책은 프로그래밍의 기초가 없는 사람에게 텍스트 분석을 위한 키워드 정도를 제공할 뿐, 프로그래밍 자체를 깊이 있게 다루지는 않기 때문이다. 다시 말해 '내장 함수'나 '메서드'를 비교해 보고 구분해 사용하는 데 초점을 맞추지 않고, 이러한 부분은 잘 모르더라도 '자신이 다루고 있는 데이터가 숫자나 문자만으로 이루어진 것인지, 숫자와 문자를 함께 포함하고 있는 것인지' 정도만 알아도 실습해 볼 수 있도록 구성했다.

만약 2, 3장에서 다루는 프로그래밍 기초가 생각보다 어렵다고 해도 이후 장에서 프로젝트를 진행하면서 차차 알아갈 수 있으므로 걱정하지 말고 구글 코랩을 통해 직접 실습해 보기를 바란다. 이를 위해 컴퓨터에 따로 프로그래밍 환경을 설치할 필요도 없고 코드를 하나하나 입력할 필요도 없이, 가능한 한 쉽고 편리하게 실습할 수 있는 환경을 제공하려 노력했다(실습 방법은 1.2절을 참고하라). 또한, 필요한 경우 코드 윗줄에 코드에 대한 설명을 주석으로 넣어 놓았으므로, 코드를 학습할 때 참고하기 바란다.

문자열 실습 전에

파이썬에는 다음과 같이 여러 데이터 타입이 있다.

- 기본 자료형: 숫자(int, float), 문자(str), 논리형(bool)
- 집합 자료형: 리스트, 튜플, 딕셔너리, 집합형

이 책에서는 문자, 다시 말해 문자들의 집합인 문자열(string)에 집중해서 살펴볼 것이다.

TIP

데이터 타입

데이터 타입이 헷갈릴 경우에는 type( )으로 확인할 수 있다. 숫자, 따옴표 안에 든 숫자, 문자를 각각 확인해 보면 다음과 같다. 숫자라도 따옴표로 감쌌다면 데이터 타입은 문자형이다. 또 문자라도 대괄호 안에 있다면 데이터 타입은 리스트다.

```python
# 소수점이 없는 숫자는 int 형이다.
type(1)
```

실행 결과
```
int
```

```python
# 따옴표로 감싸 주면 문자형으로 바뀐다.
type("1")
```

실행 결과
```
str
```

```python
type("하나 One")
```

실행 결과
```
str
```

```python
type(["파이썬", "Python"])
```

실행 결과
```
list
```

2장에서는 파이썬으로 문자열 관련 코드를 실행해 볼 텐데, 다음 내용을 알아 두자.

- 컴퓨터는 0과 1로 이루어진 숫자만 이해한다. 따라서 우리가 무엇을 입력하건, 문자의 연쇄나 숫자의 연쇄와 같이 긴 리스트의 형태로 입력된다.
- 파이썬은 데이터 타입에 민감하다. 따라서 입력되는 리스트가 문자인지, 숫자인지, 참/거짓과 같은 논리값인지를 프로그래머가 먼저 알고 있어야 한다. 즉, '가나다'를 ['ㄱ', 'ㅏ', 'ㄴ', 'ㅏ', 'ㄷ', 'ㅏ']로 잘라서 입력할지 ['가', '나', '다']로 잘라서 입력할지 정한 뒤 이것이 문자열로 이루어진 리스트라는 점을 알고 있으면 컴퓨터와 대화할 준비가 된 것이다.

지금부터 위와 같이 문자 처리와 관련한 내용을 중심으로 데이터 타입과 문자열을 다루는 방법을 알아보겠다.

또한, 오류가 발생했을 때 오류를 처리하는 방법도 살펴볼 것이다. 가령 '안녕'이라고 입력했을 때 '안녕'이 출력됐다면 컴퓨터가 처리할 수 있게 잘 입력했다는 뜻이지만, 'SyntaxError' 또는 'TypeError' 같은 오류 메시지가 출력됐다면 컴퓨터가 이해할 수 있는 형식으로 (우리가 의도한 결과를 출력할 수 있도록) 코드를 수정해야 한다는 뜻이다.

문자열 실습

KOREAN TEXT ANALYSIS FOR EVERYONE

이 절에서는 문자열을 처리하는 기본 방법을 코드로 살펴보겠다.

1 문자열 표현

파이썬에서 문자열을 표현할 때는 큰따옴표나 작은따옴표를 사용한다.

```
'문자열은 큰따옴표나 작은따옴표로 표현할 수 있다.'
```

실행 결과

```
'문자열은 큰따옴표나 작은따옴표로 표현할 수 있다.'
```

따옴표는 큰따옴표와 작은따옴표 둘 다 사용할 수 있다. 하지만 큰따옴표 안에 큰따옴표를 겹쳐 쓰거나 작은따옴표 안에 작은따옴표를 겹쳐 쓰면 오류가 발생한다. 따라서 따옴표를 쓸 때는 동일한 따옴표가 내부에 들어가지 않도록 주의해야 한다.

- 큰따옴표 안에 작은따옴표 O, 큰따옴표 안에 큰따옴표 X
- 작은따옴표 안에 큰따옴표 O, 작은따옴표 안에 작은따옴표 X

```
'작은따옴표 안에 '작은따옴표'를 쓰면 오류가 발생한다.'
```

실행 결과

```
File "<ipython-input-3-969e39b2aed8>", line 1
    '작은따옴표 안에 '작은따옴표'를 쓰면 오류가 발생한다.'
                  ^
SyntaxError: invalid syntax
```

"그래서 문자열을 구현할 때 '작은따옴표'가 문자열 안에 들어 있다면 문장을 큰따옴표로 감싸 사용한다."

"그래서 문자열을 구현할 때 '작은따옴표'가 문자열 안에 들어 있다면 문장을 큰따옴표로 감싸 사용한다."

2 오류 처리

오류 메시지가 나오면 코드에 잘못된 부분이 있는지 다시 한번 확인해야 한다. 프로그래밍에서 오류가 발생하는 이유는 다양하지만, 주로 오타 때문에 생긴다. 예를 들어 여는 따옴표만 쓰고 닫는 따옴표는 쓰지 않았다면 'SyntaxError' 메시지가 출력된다.

컴퓨터는 무엇이 잘못됐는지 오류 메시지를 통해 알려 준다. 만약 오류 메시지를 봐도 잘 모르겠다면 오류 메시지를 검색해서 해결 방법을 공유한 내용이 있는지(스택오버플로[1]와 같이 컴퓨터 프로그래밍 관련 질문/답변 공유 사이트에 비슷한 오류가 올라오곤 한다) 확인하는 것도 좋다.

오류는 구문 수정이나 예외 처리를 통해 처리한다.

- 구문 수정: 문법에 어긋난 부분을 올바르게 수정한다.
- 예외 처리: 오류가 발생하지 않도록 특정한 처리를 해 준다.

예를 들어 오류 메시지가 발생한 큰따옴표 안에 다시 작은따옴표 쓰는 일은 문자열 데이터에 흔히 있는 경우이므로, 역방향 사선(backslash 또는 역슬래시)[2]을 통해 예외 처리를 할 수 있다.

---

1 https://stackoverflow.com

2 역슬래시는 운영체제에 따라 화면에 다르게 표시되는데 윈도우일 때는 ₩, 맥이나 리눅스일 때는 슬래시의 반대 방향으로 표시되는 문자(\)로 표현된다.

> '작은따옴표로만 구현할 때 \'역슬래시\'를 사용해 예외 처리할 수도 있다.'

> '작은따옴표로만 구현할 때 '역슬래시'를 사용해 예외 처리할 수도 있다.'

3 표현 방법 + 오류 처리

지금부터는 문자열을 코드로 표현하는 방법을 알아보면서 오류가 나오면 처리해 보겠다.
앞에서 소개한 대로 줄바꿈 문자(개행 문자)를 표현할 때는 따옴표 3개를 앞뒤로 감싸준다.
만약 줄바꿈 문자를 함수 내부에서 사용하면 도움말 문서인 독스트링(docstring, 코드 문서
화)이 된다.

```
# 줄바꿈 문자를 표현한다.
"""
줄바꿈
문자를
표현한다.
"""
```

실행 결과

```
'\n줄바꿈\n문자를\n표현한다.\n'
```

문자를 이어 작성하면 붙여서 반환된다.

```
'Py' 'thon'
```

실행 결과

```
'Python'
```

문자에도 연산자를 사용할 수 있다. 숫자의 연산과 비교해 알아보자. 숫자는 '더하기(+), 빼
기(−), 곱하기(*), 나누기(/)' 연산자를 모두 사용할 수 있다.

```
# 따옴표가 없으면 숫자다.
1 + 1
```

실행 결과

```
2
```

그런데 숫자라도 따옴표가 있으면 문자로 처리된다. 예를 들어 "1"+"1"의 결과가 무엇으로 나올지 생각해 보자. "1"+"1"로 표시하면 결과는 2가 아니라 두 문자를 더한 결과인 '11'[3]을 출력한다.

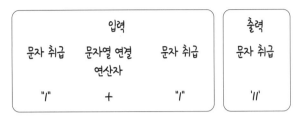

```
# 따옴표가 있으면 문자다.
"1" + "1"
```

실행 결과
```
'11'
```

문자와 문자를 더하거나 곱해도 숫자와 같은 결과가 나온다.

```
"파이썬" + "좋아요"
```

실행 결과
```
'파이썬좋아요'
```

```
"파이썬좋아요" * 3
```

실행 결과
```
'파이썬좋아요파이썬좋아요파이썬좋아요'
```

이처럼 더하기(+)를 이용해 문자와 문자는 연결할 수 있지만, 문자와 숫자는 연결할 수 없다.

```
"문자와 숫자는 더할 수 없다." + 1
```

실행 결과

```
----------------------------------------------------------------------
TypeError  Traceback (most recent call last)
<ipython-input-6-1959bc4b8923> in <module>
----> 1 "문자와 숫자는 더할 수 없다." + 1
TypeError: can only concatenate str (not "int") to str
```

---

3 코랩은 큰따옴표로 입력했더라도 출력에서는 작은따옴표로 표시해 준다. 출력이 모두 작은따옴표로 나온다고 해서 문자열 처리에 문제가 생기지는 않으니 당황하지 않아도 된다.

문자와 숫자는 연결할 수 없기 때문에 오류 메시지가 출력됐다. 메시지의 내용을 보면 데이터 타입이 잘못되어 있음을, 즉 "int"는 "str"과 더할 수 없다는 것을 알려 준다. 이럴 경우에는 데이터 타입을 똑같이 만든 뒤 더하기 연산자(+)를 통해 문자열을 연결하면 된다.

TIP

문자와 숫자를 더할 때 다음과 같이 f-string을 사용할 수도 있다. f-string(format string)은 문자열 포맷팅 기능[4]으로 기존 문자열.format() 형태로 사용했던 기능을 간단하게 사용할 수 있는 문법이다.

```
f"1+{1}"
```

실행 결과

```
'1+1'
```

이처럼 f-string을 사용하면 간단하게 숫자와 문자열을 더하기 연산자로 연결할 수 있다. 또 f-string은 변수를 사용해서 문자열을 연결할 때 사용하면 편리하다.

```
num = 0
f"오늘의 코로나 확진자 수는 {num}명입니다."
```

실행 결과

```
'오늘의 코로나 확진자 수는 0명입니다.'
```

지금까지의 내용을 정리해 보자.

- 따옴표를 사용해 숫자를 문자처럼 사용할 수 있다.
- "str"은 "int"와 더할 수 없다.
- 보기에 같은 데이터 타입으로 보이더라도, 데이터 타입이 다르면 다르게 취급된다. (예를 들어 숫자 1과 문자 "1"을 비교연산(==)하면 다른 값(False)으로 나온다.)

---

4 파이썬 3.6 버전에서 추가되었다.

문자열을 다루는 여러 방법

KOREAN TEXT ANALYSIS FOR EVERYONE

이 절에서는 파이썬을 사용해 문자열을 다루는 여러 방법을 소개한다. 이러한 방법이 있다는 것을 알고 넘어가면 이후 프로젝트에서 사용된 파이썬 코드를 이해하는 데 도움이 될 것이다.

1 변수

변수에 문자열을 할당(assign)하면 코드 블록이 길게 이어지더라도 문자열을 손쉽게 다루고, 재사용할 수 있다. 할당할 때는 '=' 연산자를 이용한다. 다음은 address라는 변수에 국립국어원의 주소를 할당한 예다.

변수	오른쪽에 있는 값을 변수에 할당하는 연산자	문자열
address	=	서울특별시 강서구 방화동 국립국어원

```
address = "서울특별시 강서구 방화동 국립국어원"
address
```

실행 결과

```
'서울특별시 강서구 방화동 국립국어원'
```

변수 이름을 정할 때는 몇 가지 규칙이 있다.

- 숫자로 시작할 수 없다.
- 언더스코어( )를 제외한 특수문자를 사용할 수 없다.
- 예약어를 사용하지 않는다.

예약어나 파이썬 내부에 구현된 함수 및 메서드 이름으로 사용되는 단어를 변수로 지정하는 실수를 종종 하게 되는데, 사전에 정의된 단어들은 변수명으로 사용하지 않도록 주의한다.

```python
# 변수명을 정할 때 사용하지 말아야 하는 예약어 목록
from keyword import kwlist
print(kwlist)
```

실행 결과

```
['False', 'None', 'True', 'and', 'as', 'assert', 'async', 'await', 'break',
'class', 'continue', 'def', 'del', 'elif', 'else', 'except', 'finally',
'for', 'from', 'global', 'if', 'import', 'in', 'is', 'lambda', 'nonlocal',
'not', 'or', 'pass', 'raise', 'return', 'try', 'while', 'with', 'yield']
```

2 인덱싱

인덱싱(indexing)은 데이터의 값을 순서대로 불러오는 방법으로, '색인'이라고도 한다. 책에 있는 색인으로 해당 키워드가 어느 페이지에 나오는지 알 수 있듯이 인덱스라는 번호로 데이터를 가져올 수 있다.

인덱스 번호는 순서대로 붙는다. 파이썬은 0부터 시작한다. 뒤에서 인덱싱할 때는 마이너스 값(-)을 사용한다. 앞에서 지정한 address 변수 안 문자열 원소(element) 값을 가져와 보자.

표 2-1 | address 변수 안 문자열 원소

원소의 위치	0	1	2	3	4	5	6	...	-2	-1
문자열 원소	서	울	특	별	시		강	...	어	원

이처럼 0부터 시작해 번호 순서대로 인덱싱되며, 번호를 지정하면 해당하는 값을 가져온다.
가장 앞에 있는 값은 0으로, 마지막에 있는 값은 −1로 인덱싱한다. 같은 원리로 두 번째 값
은 1, 마지막에서 두 번째 값은 −2로 가져올 수 있다.

3 슬라이싱

슬라이싱(slicing)은 특정 위치의 문자, 범위를 지정해 출력한다. 변수 이름 뒤에 대괄호로 감
싸서 구간을 정해 주면 해당 구간이 슬라이싱된다. 구간은 [start:stop:step] 순서로 작성한다.

변수[start:stop:step]

마지막의 step은 생략할 수 있으며, 생략할 경우 기본값은 1이다.

변수 이름	[	슬라이스 시작 위치	:	슬라이스 끝 위치	]
address	[	6	:	9	]

[::−1]이라고 하면 어떨까? start, stop이 생략되고 step에 해당되는 값이 −1이므로 역순으로
값을 가져오는 효과가 있다. 그래서 값을 정렬한 후 역순으로 변경할 때 [::−1] 방법을 종종
사용한다. 마찬가지로 [::2]라고 하면 start, stop이 생략되고 step 값만 2로 지정되어 2개씩
건너뛰며 값을 가져오게 된다.

코드	실행 결과
`address[:]`	'서울특별시 강서구 방화동 국립국어원'
`address[:5]`	'서울특별시'
`address[6:9]`	'강서구'
`address[::2]`	'서특시강구방동국국원'
`address[::-1]`	'원어국립국 동화방 구서강 시별특울서'

 ## 4   문자열의 길이, 단어 수

`len()`은 문자열이 총 몇 음절로 되어 있는지 (띄어쓰기를 포함해) 센다. `len()`의 괄호 안에 변수 이름을 넣어 주면 된다.

len(변수 이름)

코드	실행 결과
`len('국립 국어원')`	6

단어의 수를 세고 싶다면 기본값이 띄어쓰기인 `split()`을 사용해 리스트 형태로 나눈 뒤 원소의 수를 세면 된다. 이때 중복된 단어가 있다면 어떻게 될까? '서울'이라는 단어를 두 번 넣어 확인해 보자.

```
# 중복된 단어를 포함하는 단어의 빈도수
len("서울 강서구 서울 국립국어원".split())
```

실행 결과

```
4
```

결과를 보면 중복된 단어도 빈도수에 포함되는 것을 알 수 있다. 문장 안에서 중복된 단어는 제외하고 단어의 수를 세고 싶다면 리스트로 변환된 값에 집합 자료형인 set( )를 적용하면 된다. 위 예시에 적용한 뒤 다시 len( )으로 세어 보면 중복된 단어는 제외하고 유일값(unique)에 대한 빈도수가 나오는 것을 볼 수 있다.

```
# 중복된 단어를 제외하는 단어의 빈도수
len(set("서울 강서구 서울 국립국어원".split()))
```

실행 결과

```
3
```

 5 문자열 함수

메서드는 클래스 안에 선언한 함수를 가리키는 말인데, 메서드를 사용해 우리가 원하는 작업을 수행할 수 있다. 문자열에 사용할 수 있는 함수를 몇 개 소개한다.

■ 대소문자 변환

특정 단어가 얼마나 많이 쓰였는지 빈도를 세려고 하는데 대소문자가 섞여 있어서 다른 단어로 취급하는 경우가 있다. 이때 파이썬의 upper( ) 함수와 lower( ) 함수를 사용해서 손쉽게 대소문자를 변환할 수 있다.

```
use_python = " 인생은 짧아요. Python을 쓰세요! "

# 소문자로 변환
use_python.lower()
```

실행 결과

```
' 인생은 짧아요. python을 쓰세요! '
```

```
# 대문자로 변환
use_python.upper()
```

실행 결과

```
' 인생은 짧아요. PYTHON을 쓰세요! '
```

■ 앞뒤 공백 제거

strip() 메서드는 문장의 가장 앞과 뒤의 공백을 제거한다.

```
use_python.strip()
```

실행 결과

```
'인생은 짧아요. Python을 쓰세요!'
```

문자열의 앞뒤 공백을 제거하기 때문에 언뜻 원래 문자열과 똑같아 보이지만, len()으로 확인해 보면 원래 문자열의 길이에서 2개가 줄어든 것을 확인할 수 있다.

```
len(use_python)
```

실행 결과

```
23
```

```
len(use_python.strip())
```

실행 결과

```
21
```

지금까지 나온 문자열 함수를 잠깐 정리해 보면 다음과 같다.

표 2-2 | 문자열 함수

문자열 함수	기능
len()	문자열 길이 파악
set()	집합 자료형으로 중복값 제거
upper()	대문자로 변환
lower()	소문자로 변환
strip()	앞뒤 공백 제거

■ 리스트 메서드

문자열을 리스트 자료 구조에 넣어서 사용하는 경우가 많기 때문에 리스트로 문자열을 다룰 때 자주 사용하는 함수도 몇 개만 소개하겠다.

1. append()는 숫자나 문자열이 들어 있는 리스트에 새로운 숫자나 단어를 추가할 수 있다.

```
address_words = ['서울특별시', '강서구', '방화동', '국립국어원']
address_words.append('1층')
address_words
```

실행 결과

```
['서울특별시', '강서구', '방화동', '국립국어원', '1층']
```

2. split()은 앞에서 소개했듯이 띄어쓰기를 기준으로 각각의 단어 리스트를 출력해 준다.

```
address = "서울특별시 강서구 방화동 국립국어원"
words = address.split()
words
```

실행 결과

```
['서울특별시', '강서구', '방화동', '국립국어원']
```

3. sort()는 가나다순으로 출력해 준다.

```
address_words = ['서울특별시', '강서구', '방화동', '국립국어원']

# 가나다순 정렬
address_words.sort()
address_words
```

실행 결과

```
['강서구', '국립국어원', '방화동', '서울특별시']
```

4. reverse()는 단어 리스트의 순서를 뒤집어서 입력된 순서의 역순으로 출력해 준다.

```
address_words = ['서울특별시', '강서구', '방화동', '국립국어원']

# 역방향 정렬
address_words.reverse()
address_words
```

실행 결과

```
['국립국어원', '방화동', '강서구', '서울특별시']
```

또는 [::-1]로 슬라이싱해 순서를 뒤집을 수도 있다.

```
address_words[::-1]
```

실행 결과

```
['서울특별시', '강서구', '방화동', '국립국어원']
```

5. join()은 분리했던 텍스트를 다시 원래대로 텍스트 형태로 복원한다. 텍스트 데이터를 전처리하고 다시 텍스트 데이터로 복원할 때 자주 사용한다. 우선 연결할 문자열을 만들고 join() 함수 안에 리스트 형태의 데이터를 넣어 주면 문자열 형태로 변경된다.

```
" ".join(address_words)
```

```
'국립국어원 방화동 강서구 서울특별시'
```

```
"-".join(address_words)
```

```
'국립국어원-방화동-강서구-서울특별시'
```

리스트에 쓸 수 있는 함수를 간단히 정리하면 다음과 같다.

표 2-3 | 리스트 함수

리스트 함수	기능
append( )	리스트 끝에 추가
split( )	문자열 자르기
sort( )	리스트 정렬
reverse( )	리스트 역순 출력
join( )	분리한 텍스트 복원

파이썬에서는 용도에 따라 괄호의 표현 방법이 다르다.

- 대괄호: 인덱싱과 슬라이싱처럼 대괄호 안에 숫자를 넣어서 사용한다. (예: address[3:5])
- 소괄호: len( ) 메서드처럼 소괄호 왼쪽에 메서드명을 표기한다. (예: len(address))

그 외에도 .append( ), .split( ), .sort( ) 같은 함수들은 마침표와 소괄호 사이에 함수명을 표기하는 방식을 사용한다. 또 소괄호는 튜플(리스트처럼 집합 자료형을 표현하지만 값을 수정하거나 추가할 수 없다)이라는 자료형에 서도 사용된다.

6 반복

'사랑해'를 원하는 만큼 반복해 주는 문장 생성기를 만들고 싶을 때는 for 문을 사용한다. range()의 괄호 안에 반복할 횟수를 넣고, print() 괄호 안에 단어를 넣으면 된다.

```
# range() 괄호 안에 반복할 횟수 설정
for i in range(3):
    # print() 괄호 안에 입력한 단어를 출력하도록 설정
    print("사랑해")
```

실행 결과

```
사랑해
사랑해
사랑해
```

물론 앞에서 배운 것처럼 "사랑해" * 3도 같은 결과를 출력하지만, for 문을 사용하면 리스트에 있는 원소 하나하나를 순서대로 대입해서 같은 작업을 반복할 수 있다.

```
for      변수      in      리스트      :
     print(변수)    # 변수 안 원소 처리
```

다음 for 문은 i가 1부터 시작해 9가 될 때까지 3씩 증가하는 것을 반복한다.

```
for i in range(1, 10, 3):
    print(i)
```

실행 결과

```
1
4
7
```

파이썬은 조건문, 반복문 함수 등 제어문의 닫는 괄호 뒤에 :을 쓰면 다음 행에서는 공백 4개로 들여쓰기(indent)가 된다. 코드 블록에 들여쓰기를 강제해서 가독성을 주려는 의도다. 코랩의 기본 들여쓰기 너비는 2로 되어 있는데(2023년 1월 기준) 파이썬의 컨벤션이 정의된 PEP8에서 권장하는 들여쓰기는 공백 4개다. 따라서 **코랩의 도구** > **설정** > **편집기** > **들여쓰기 너비(공백 개수)**를 4로 설정해 준다.

그림 2-1 | 설정 > 편집기 > 들여쓰기 너비(공백 개수) 4

7 함수

반복해야 하는 작업은 함수로 작성해 두고 재사용할 수도 있다. 파이썬에서 기본 제공하는 함수도 있고(앞에서 나왔던 print( )도 함수다), 우리가 함수를 정의해서 사용할 수도 있다. 예를 들어 다음 코드는 text_preprocessing( ) 함수를 정의한 것이다. 문자열을 전달받아 영문자를 소문자로 만들고(txt=txt.lower( )), 양끝 공백을 제거하며(txt=txt.strip( )), 구두점을 제거하는(txt=txt.replace(".", "")) 사용자 정의 함수다.

```
# 함수를 정의한다.
def text_preprocessing(txt):
    """
    문자열에 포함된 영문자를 소문자로 만들고
    문자열 양끝 공백을 제거하며
    구두점(.)을 제거하는 사용자 정의 함수
    """
    txt = txt.lower()
    txt = txt.strip()
    txt = txt.replace(".", "")
    return txt

# 함수를 호출한다.
txt = " Python 문자열 전처리 함수를 만들면 전처리 함수를 호출해서 여러 텍스트에 적용할
수 있습니다. "
text_preprocessing(txt)
```

실행 결과

'python 문자열 전처리 함수를 만들면 전처리 함수를 호출해서 여러 텍스트에 적용할 수 있습
니다'

위의 함수 정의가 복잡해 보이지만, 알고 보면 다음과 같이 정형화된 세 단계로 이루어져
있다.

def 함수 이름(매개 변수):
    수행 명령
함수 호출

함수 이름 아래 큰따옴표 3개 """로 줄바꿈 문자를 써서 독스트링을 작성했다. 이렇게 코드를
작성해 놓으면 코드 셀에서 '함수 이름?' 명령을 실행해 함수에 대한 도움말을 볼 수 있고 '함
수 이름??' 명령을 실행하면 소스 코드를 볼 수 있다. 사용자 정의 함수뿐만 아니라 앞으로
사용할 라이브러리 메서드도 같은 방법으로 문서를 볼 수 있으니 기억해 두자.

8 문자열 내장 메서드 목록

코랩에서 문자열 내장 메서드를 출력해 보면 다음과 같은 메서드가 출력된다.[5] 여기에서 언더스코어 두 개(__)로 감싸져 있는 메서드는 매직 메서드 또는 스페셜 메서드라고 한다. 문자열의 길이를 구할 때 사용했던 len()도 스페셜 메서드에 해당하며, 다른 메서드와 사용법이 다르다. 문자열의 길이를 구하는 예제에서 사용한 len(문자열)에 대한 사용법처럼 문자열.메서드명()이 아니라 스페셜 메서드명(문자열) 형태로 사용한다.

```
print(dir(address))
```

실행 결과

```
['__add__', '__class__', '__contains__', '__delattr__', '__dir__', '__
doc__', '__eq__', '__format__', '__ge__', '__getattribute__', '__getitem__',
'__getnewargs__', '__gt__', '__hash__', '__init__', '__init_subclass__',
'__iter__', '__le__', '__len__', '__lt__', '__mod__', '__mul__', '__
ne__', '__new__', '__reduce__', '__reduce_ex__', '__repr__', '__rmod__',
'__rmul__', '__setattr__', '__sizeof__', '__str__', '__subclasshook__',
'capitalize', 'casefold', 'center', 'count', 'encode', 'endswith',
'expandtabs', 'find', 'format', 'format_map', 'index', 'isalnum', 'isalpha',
'isascii', 'isdecimal', 'isdigit', 'isidentifier', 'islower', 'isnumeric',
'isprintable', 'isspace', 'istitle', 'isupper', 'join', 'ljust', 'lower',
'lstrip', 'maketrans', 'partition', 'replace', 'rfind', 'rindex', 'rjust',
'rpartition', 'rsplit', 'rstrip', 'split', 'splitlines', 'startswith',
'strip', 'swapcase', 'title', 'translate', 'upper', 'zfill']
```

위 결과에서 스페셜 메서드를 제외한 문자열 메서드는 'capitalize'부터다. 파이썬은 문자열뿐만 아니라 다른 데이터 타입에 대해서도 풍부한 표준 라이브러리를 제공한다.[6] 여기에 있는 기능을 모두 외울 필요는 없으며 상황에 따라 검색하거나 공식 문서[7]를 참고해 사용하는 것을 추천한다.

---

5 집필 당시(2023년 2월) 코랩의 파이썬 버전은 3.9다.

6 그래서 Battery Included(건전지가 포함되어 있다)라는 별명이 생겼다.

7 https://docs.python.org/ko/3.9/library/stdtypes.html#str

반복문과 조건문을 사용해 스페셜 메서드를 제외한 문자열 메서드만 출력해 보자. 여기에도 문자열 메서드를 활용했는데 조건문에 있는 startswith("__")는 언더스코어 두 개(__)로 시작하는 것을 제외하고 출력하라는 의미다.

```
for func in dir(address):
    if not func.startswith("__"):
        print(func, end = ", ")
```

실행 결과

```
capitalize, casefold, center, count, encode, endswith, expandtabs, find,
format, format_map, index, isalnum, isalpha, isascii, isdecimal, isdigit,
isidentifier, islower, isnumeric, isprintable, isspace, istitle, isupper,
join, ljust, lower, lstrip, maketrans, partition, replace, rfind, rindex,
rjust, rpartition, rsplit, rstrip, split, splitlines, startswith, strip,
swapcase, title, translate, upper, zfill,
```

참고로 위 코드를 보면 반복문과 조건문을 함께 사용하면서 들여쓰기가 한 단계씩 추가된 것을 볼 수 있다. 들여쓰기에 의해 각 제어문인 for, if 블록이 구분된다.

3장

라이브러리 다루기

LESSON OT 들어가며

KOREAN TEXT ANALYSIS FOR EVERYONE

이 장에서는 데이터 분석과 머신러닝에 광범위하게 쓰이는 판다스와 넘파이 라이브러리를 핵심만 간단히 알아보겠다.

3장에서 소개하는 두 라이브러리 외에 많이 사용하는 라이브러리로 사이킷런이 있는데, 사이킷런은 4장부터 하나하나 작업해 가면서 기능을 익히도록 하겠다. 실제로 머신러닝을 구현할 수 있는 대부분의 과정을 지원하는 라이브러리이기 때문에 실습하면서 익히는 쪽이 효율적일 것이다.

판다스

KOREAN TEXT ANALYSIS FOR EVERYONE

판다스(Pandas)는 대용량 데이터를 엑셀처럼 다룰 수 있다는 큰 장점이 있다. 엑셀을 다루어 봤다면 판다스의 '데이터 프레임(Data Frame)'과 '시리즈(Series)'라는 자료 구조를 보면서 행과 열로 구성된 표 형태의 데이터를 처리할 수 있는 직관적인 구조라는 것을 알 수 있을 것이다.

이 절에서는 판다스 라이브러리를 단 두 장의 문서로 배울 수 있는 치트시트를 중심으로 판다스의 핵심 내용을 살펴본다.

- 치트시트: https://pandas.pydata.org/Pandas_Cheat_Sheet.pdf

1 데이터 프레임과 시리즈 이해하기

판다스의 데이터 프레임과 시리즈는 판다스를 이해하는 데 가장 중요한 용어다.

- **데이터 프레임**: 행과 열로 되어 있는, 엑셀과 유사한 테이블 형태의 데이터
- **시리즈**: 데이터 프레임에서 행(row, 로)이나 열(column, 컬럼)을 하나 가져온 것

그림 3-1 | 데이터 프레임과 시리즈[1]

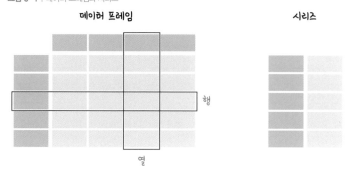

판다스는 대용량 데이터를 다룰 수 있지만, 지금은 처음이므로 작은 데이터(3x3)를 입력해 보자.

표 3-1 | 3x3 데이터

	a	b	c
1	4	7	10
2	5	8	11
3	6	9	12

다음은 3x3 데이터를 pd.DataFrame()으로 감싸서 변수 df에 할당하는 코드다. df에 데이터 가 잘 할당됐는지 확인해 보면 전체 3x3 데이터가 나온다.

```
# pandas를 pd라는 별칭(alias)으로 불러온다.
import pandas as pd

# 데이터를 pd.DataFrame( )으로 감싸서 변수 df에 할당한다.
df = pd.DataFrame(
        {"a" : [4 ,5, 6],
        "b" : [7, 8, 9],
        "c" : [10, 11, 12]},
        index = [1, 2, 3])

# 이제 데이터가 df에 잘 할당됐는지 확인한다.
df
```

---

1   출처: https://pandas.pydata.org

	a	b	c
1	4	7	10
2	5	8	11
3	6	9	12

df 변수에 할당된 데이터 프레임에서 특정 열만 가져와 보자. [4, 5, 6]은 판다스의 시리즈 형태로 들어간다. a열의 데이터만 확인하려면 다음과 같이 입력한다.

```
df["a"]
```

1	4
2	5
3	6

이때 대소문자를 구분해야 한다. 그렇지 않으면 다음과 같이 오류가 발생하므로 주의하자.

```
df["A"]
```

```
KeyError: 'A'
```

리스트 자료 구조에 열의 이름들을 담으면 해당 열의 데이터를 볼 수 있다.

```
df[["a", "b"]]
```

	a	b
1	4	7
2	5	8
3	6	9

판다스 라이브러리를 통해 행을 선택할 수도 있는데, 이때 loc[]와 iloc[] 함수를 사용한다.

- loc[ ]는 주어진 키를 기반으로 행을 선택한다. 예를 들어 df[["a", "b"]]는 a열과 b열을 선택하고 df.loc[1]은 1행을 선택한다.
- iloc[ ]는 정수 기반 인덱싱을 지원하기 때문에 정수 인덱스를 사용해 행을 선택한다.

loc[ ] 함수를 이용해 3번 인덱스의 행만 확인해 보자. loc[ ]는 키를 사용해 행을 선택하므로, loc[3]과 같이 입력하면 3번 인덱스의 행을 볼 수 있다.

```
df.loc[3]
```

실행 결과

a	6
b	9
c	12

■ 판다스 데이터 프레임 생성하고 가져오기

이번에는 여러 개의 인덱스가 있는 튜플(tuple) 자료 구조를 지정해 보자. 튜플은 값을 바꿀 수 없다는 점이 리스트와 다르지만, 아직은 리스트와 거의 비슷하게 보일 것이다.

표 3-2 | 여러 개의 인덱스가 있는 튜플

n	v	a	b	c
d	1	4	7	10
d	2	5	8	11
e	3	6	9	12

두 개의 인덱스 n, v를 갖도록 데이터 프레임을 만들어 보자.

```
# import pandas as pd
import numpy as np

# 판다스 데이터 프레임을 직관적으로 이해하기 위해
# 숫자와 빈 값(np.nan)이 있는 표를 만든다.
```

```
df = pd.DataFrame(
        {"a" : [4, 5, 6, 6, np.nan],
        "b" : [7, 8, np.nan, 9, 9],
        "c" : [10, 11, 12, np.nan, 12]},
        index = pd.MultiIndex.from_tuples(
        [('d', 1),('d', 2),('e', 2),('e', 3),('e', 4)],
        names = ['n', 'v']))

# df에 잘 할당됐는지 확인한다.
df
```

n	v	a	b	c
d	1	4.0	7.0	10.0
	2	5.0	8.0	11.0
e	2	6.0	NaN	12.0
	3	6.0	9.0	NaN
	4	NaN	9.0	12.0

TIP

임포트(import)

코드의 맨 위에는 코드를 실행하는 데 필요한 라이브러리를 임포트하는 코드가 있다. 위 코드에는 두 개의 임포트 문이 있는데 1행에 주석 처리된 코드는 3장을 시작하면서 실행했던 코드다.

```
# import pandas as pd
import numpy as np
```

따라서 3장 코드를 쭉 실행해 왔다면 오류가 발생하지 않지만, 이 코드 블록부터 실행한다면 주석 처리된 부분의 #을 삭제하고 다시 임포트해 주어야 오류가 발생하지 않는다. 2행의 임포트 문은 3.2절 넘파이 부분을 참고하기 바란다.

■ 판다스 데이터 프레임 : 비교 연산자로 색인하기

비교 연산자(〈 또는 〉)를 사용해 전체 행에서 특정한 행만 가져올 수 있다(Subset Observations(Rows)).

그림 3-2 | 연산자를 사용해 특정 행 추출

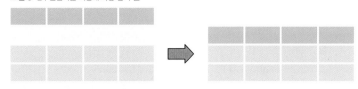

다음 예제는 a열의 데이터 중 6보다 작은 수라는 조건에 해당하는 서브 세트를 가져온다. 조건을 입력했을 때 각 인덱스에 해당되는 조건이 True, False로 결과가 나오고 다시 데이터 프레임이 들어 있는 변수로 감싸게 되면 True에 해당되는 인덱스 행만 가져온다. True, False로 나온 결과를 인덱싱한다고 해서 이러한 색인 방법을 불 인덱싱(Boolean Indexing)이라 부르기도 한다.

```
df[df.a < 6]
```

실행 결과

		a	b	c
n	**v**			
d	**1**	4.0	7.0	10.0
	2	5.0	8.0	11.0

a열에서 6보다 작은 수를 포함하는 행은 ('d', 1)과 ('d', 2)만 남고 나머지는 필터링된 것을 확인할 수 있다.

■ 특정 값이 들어 있는지 확인하기

판다스 데이터 프레임의 특정 열에서 리스트에 포함된 값을 추출할 때는 다음 코드를 사용한다.

- `df.column.isin([value])`

보려는 열이 a라면 df.a.isin?와 같은 방법으로 도움말을 보고 사용할 수 있는 매개 변수를 확인한다. isin을 사용하면 여러 값을 찾아 색인하기 좋다. 예를 들면 신문기사 목록이 있는 데이터 프레임에서 "분류"라는 값이 있을 때,

- df[df["분류"].isin(["경제", "사회"])]

라고 입력하면 "분류"열에서의 값이 "경제"이거나 "사회"인 행을 찾아온다.

다음은 a열에서 '5'라는 특정 값이 들어 있는 행을 찾는 코드다. 결과를 보면 2행에 찾으려는 값인 5가 있음을 확인할 수 있다.

```
df.a.isin([5])
```

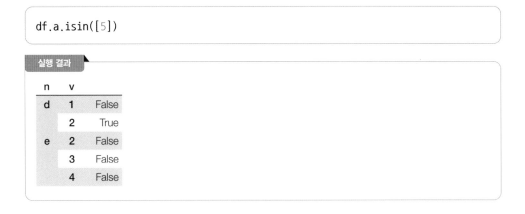

실행 결과

n	v	
d	1	False
	2	True
e	2	False
	3	False
	4	False

■ 중복 데이터 제거하기

다양한 이유로 데이터가 중복되는 경우가 생길 수 있다. 예를 들어 설문조사를 중복으로 남기거나, 프로그래밍이나 네트워크 오류로 입력 데이터가 중복으로 들어올 수도 있다. 의도하지 않게 데이터가 중복됐다면 다음 방법으로 중복된 행을 제거할 수 있다.

$$df.drop\_duplicates()$$

- 기본값으로 실행하면 행끼리의 값이 모두 같아야 제거된다.
- 특정 행을 지정하면 특정 행에 해당하는 값만 제거한다.
- keep = 'first', 'last', False 등과 같은 매개 변수를 사용하면 중복된 데이터 중 어느 것(앞의 것? 뒤의 것?)을 삭제할지 고를 수 있다.

다음은 유일값 한 개만 남기고 나머지 중복은 제거하는 코드다. keep='last'를 사용하면 뒤의 값을 남기고 앞에 중복되는 값은 삭제된다. 따라서 중복이 있었던 6, 9, 12는 뒤의 값이 남고 앞에 중복되는 값은 삭제됐다.

```
df = df.drop_duplicates(subset="a", keep='last')
df
```

	a	b	c
n **v**			
d **1**	4.0	7.0	10.0
2	5.0	8.0	11.0
e **3**	6.0	9.0	NaN
4	NaN	9.0	12.0

TIP

매개 변수

사용할 수 있는 매개 변수 유형은 외우려 하지 말고 'df.drop_duplicates?' 같은 방법으로 도움말 내용을 확인하고, 적당한 매개 변수를 찾아 적용하면 된다.

파이썬은 문서로 잘 정리되어 있다. 판다스 또한 잘 정리되어 있어서 판다스에서도 'help( ), 메서드명?'로 도움말을 볼 수 있고, '메서드명??'로 소스 코드를 볼 수 있다. 예를 들어 'df.drop?'를 실행하면 drop에 대한 문서를 볼 수 있다.

■ 데이터 미리 보기

데이터가 많아 출력 결과가 길어지면 보기 불편하다. 이때 head( )와 tail( )로 일부 데이터만 확인할 수 있다. 기본값은 5개이나, 괄호 안에 숫자(n)를 넣으면 그 숫자만큼 불러온다.

- df.head(n): 처음의 n개 데이터를 확인
- df.tail(n): 끝의 n개 데이터를 확인

다음 코드는 처음 두 행 데이터만 확인한 것이다.

```
df.head(2)
```

	a	b	c
n **v**			
d **1**	4.0	7.0	10.0
2	5.0	8.0	11.0

다음 코드는 끝의 두 행 데이터만 확인한 것이다.

```
df.tail(2)
```

실행 결과

		a	b	c
n	v			
e	3	6.0	9.0	NaN
	4	NaN	9.0	12.0

앞에서 문자열과 리스트에 사용한 슬라이싱 방법을 데이터 프레임이나 시리즈에도 같은 방법으로 사용할 수 있다. 즉, 대괄호와 콜론(:)으로 인덱스 순서를 지정하고, iloc 함수로 행과 열의 번호를 사용해 데이터를 가져올 수 있다.

예를 들어 df.tail(2)처럼 3행과 4행만 출력해서 확인하고 싶다면 다음 코드처럼 df.iloc[-2:]라고 사용하면 된다.

```
df.iloc[-2:]
```

실행 결과

		a	b	c
n	v			
e	3	6.0	9.0	NaN
	4	NaN	9.0	12.0

2 str 접근자로 문자열 다루기

이 절에서는 판다스로 문자열을 다룰 때 편리하게 사용할 수 있는 str 접근자에 대해 알아보고, 실제로 문자열 전처리에 사용되는 기능을 사용해 본다.

▪ str 접근자란?

데이터 프레임에서 행이나 열을 인덱싱하면 시리즈 형태로 반환된다. 판다스의 시리즈는 데이터 타입별 접근자(Accessor)에서 특정 메서드를 제공한다. 이들은 특정 데이터 유형에만 적용되는 시리즈 내 별도 네임스페이스로 시간, 기간, 문자열, 범주형, 희소 행렬 등에 사용된다. 문자열에 해당하는 네임스페이스는 Series.str이다.

표 3-3 | 데이터 타입별 접근자

	데이터 타입	접근자
시간, 기간	Datetime, Timedelta, Period	dt
문자열	String	str
범주형	Categorical	cat
희소값	Sparse	sparse

이 str 접근자를 사용하면 편리하다. 예를 들어 파이썬의 문자열에서 "Python".lower()로 "Python"이라는 문자를 소문자인 "python"으로 변환할 수 있다. 이처럼 str 접근자는 파이썬 문자열에 사용할 수 있는 메서드와 유사하게 문자열을 처리하게 해 준다.

또한, 특정 시리즈 데이터가 object나 string 타입일 때 str 접근자를 사용하면 문자열 메서드를 사용하는 것처럼 해당 시리즈 전체에 일괄 적용할 수 있다. 문자열을 일괄 전처리하려면 반복문을 사용하거나 함수를 만들어 map이나 apply를 사용해야 하지만, str 접근자를 사용해 텍스트 데이터 전처리에 필요한 기능을 일괄 적용할 수 있기 때문에 코드가 직관적이며 속도도 반복문을 사용하는 것보다 빠르다.

다음은 판다스에서 제공하는 str 접근자의 일부 메서드 목록이다. 대소문자 변환하기, 앞뒤 공백 제거하기, 특정 문자 찾기, 문자열 나누고 합치기, 대체하기 등의 기능을 제공한다. 앞에서 이야기한 대로 모두 다 외울 필요 없이 필요할 때마다 찾아서 사용하면 된다. 더 많은 기능은 공식 문서[2]에서 볼 수 있다.

---

2 https://pandas.pydata.org/docs/reference/series.html#api-series-str

표 3-4 | str 접근자의 메서드 목록 일부

메서드	기능
Series.str.capitalize()	첫 글자를 대문자로 만든다.
Series.str.cat([others, sep, na_rep, join])	주어진 구분자로 문자열을 연결한다.
Series.str.center(width[, fillchar])	문자열의 왼쪽과 오른쪽을 채운다.
Series.str.contains(pat[, case, flags, na, ...])	문자열에 특정 표현이나 정규표현식에 만족하는 값이 있는지 확인한다.
Series.str.count(pat[, flags])	특정 패턴이 등장하는 빈도를 계산한다.
Series.str.endswith(pat[, na])	특정 패턴의 값으로 끝나는지 확인한다.
Series.str.find(sub[, start, end])	패턴이 등장하는 첫 인덱스 번호를 반환한다.
Series.str.fullmatch(pat[, case, flags, na])	패턴과 완전히 일치하는지 확인한다.
Series.str.get(i)	특정 인덱스에 해당되는 값을 반환한다.
Series.str.join(sep)	특정 구분자로 문자열을 연결한다.
Series.str.len()	문자열의 길이를 구한다.
Series.str.lower()	소문자로 변환한다.
Series.str.lstrip([to_strip])	왼쪽의 공백 문자를 제거한다.
Series.str.match(pat[, case, flags, na])	정규표현식의 일치 여부를 확인한다.
Series.str.pad(width[, side, fillchar])	입력된 길이가 되도록 앞 문자를 공백 문자로 채운다.
Series.str.repeat(repeats)	값을 지정한 횟수만큼 반복해서 생성한다.
Series.str.replace(pat, repl[, n, case, ...])	특정 패턴을 대체한다.
Series.str.split([pat, n, expand, regex])	구분자로 문자를 나눈다.
Series.str.startswith(pat[, na])	특정 패턴 또는 문자로 시작하는지 확인한다.
Series.str.strip([to_strip])	앞뒤 공백을 제거한다.
Series.str.swapcase()	대문자라면 소문자로, 소문자라면 대문자로, 대소문자를 반대로 변환한다.
Series.str.title()	단어의 첫 글자를 대문자로 만든다. capitalize() 는 문장의 첫 글자만 대문자로 만들지만 title() 은 단어의 첫 글자를 대문자로 만든다.

메서드	기능
Series.str.upper()	대문자로 변환한다.
Series.str.wrap(width, **kwargs)	지정된 너비로 줄바꿈한다.
Series.str.zfill(width)	'0'문자를 앞에 추가해 지정한 길이의 문자가 되도록 채운다. '9'에 width 값을 3으로 채우면 '009'가 된다.
Series.str.isalnum()	알파벳과 숫자로만 된 문자인지 확인한다. 예를 들어 공백, 특수문자 등이 포함되어 있으면 False가 반환된다.
Series.str.isalpha()	알파벳으로만 된 문자인지 확인한다.
Series.str.isdigit()	숫자로만 되어 있는지 확인한다.
Series.str.isspace()	공백 문자로만 되어 있는지 확인한다.
Series.str.islower()	소문자로만 되어 있는지 확인한다.
Series.str.isupper()	대문자로만 되어 있는지 확인한다.
Series.str.istitle()	단어의 첫 글자가 대문자로 시작하고 나머지는 소문자인지 확인한다.
Series.str.isnumeric()	모든 문자가 숫자인지 확인한다.
Series.str.isdecimal()	모든 문자가 10진수인지 확인한다.
Series.str.get_dummies([sep])	단어 문서 행렬을 만든다. 단어를 나누고 해당 단어의 등장 여부를 0과 1로 반환하는 데이터 프레임을 반환한다.

이제 판다스로 시리즈 형태의 문자열 데이터를 다뤄 보겠다. 문자열 전처리에 사용되는 대소문자 변경하기, 양끝 공백 제거하기, 어절 나누기, 특정 문자 찾기, 문자열 바꾸기 기능을 살펴볼 것이다.

우선 실습을 위해 예시 문장을 몇 개 만들어서 document에 담아 둔다. 그런 다음 document를 pd 데이터 프레임 안에 괄호로 감싸서 변수 df_doc에 할당한다. 첫 행에 "문서"라는 제목도 설정했다.

```
document = ["코로나 상생지원금 문의입니다.",
            " 지하철 운행시간 문의입니다.",
            "버스 운행시간 문의입니다. ",
            "사회적 거리두기로 인한 영업시간 안내입니다.",
            "Bus 운행시간 문의입니다.",
            " Taxi 승강장 문의입니다."]

df_doc = pd.DataFrame(document, columns=["문서"])
df_doc
```

	문서
0	코로나 상생지원금 문의입니다.
1	지하철 운행시간 문의입니다.
2	버스 운행시간 문의입니다.
3	사회적 거리두기로 인한 영업시간 안내입니다.
4	Bus 운행시간 문의입니다.
5	Taxi 승강장 문의입니다.

■ 대소문자 변경하기

영어로 된 문서를 다루거나 한국어 사이에 알파벳이 포함되어 있을 때가 있다. 파이썬은 대소문자를 구분하기 때문에 대소문자를 변경해 줘야 한다. 대소문자를 변경해 주지 않으면 'good'이라는 단어와 'Good'이라는 단어가 있을 때 하나는 전체 소문자, 하나는 첫 글자 대문자라는 이유로 서로 다른 단어로 취급한다. 그러면 단어 빈도 분석이 제대로 되지 않고, 단어 사전을 만들 때도 대소문자만 다른 중복 단어가 여러 개 생기게 된다.

따라서 중복 단어를 줄이기 위해 대문자 또는 소문자로 일괄 변경해 분석하는 것이 좋다. 변경할 때는 Series.str.메서드() 형식을 사용한다.

- Series.str.upper(): 소문자를 대문자로 일괄 변경
- Series.str.lower(): 대문자를 소문자로 일괄 변경

다음은 대문자로 또는 소문자로 일괄 변경하는 코드다. 첫 글자만 대문자로 되어 있던 Bus와 Taxi가 Series.str.upper()로 변경한 후에는 모두 대문자인 BUS, TAXI로, Series.str.lower()로 변경한 후에는 모두 소문자인 bus, taxi로 변경된 것을 확인할 수 있다.

```
# 대문자로 변경하기
df_doc["문서"].str.upper()
```

0	코로나 상생지원금 문의입니다.
1	지하철 운행시간 문의입니다.
2	버스 운행시간 문의입니다.
3	사회적 거리두기로 인한 영업시간 안내입니다.
4	BUS 운행시간 문의입니다.
5	TAXI 승강장 문의입니다.

```
# 소문자로 변경하기
df_doc["문서"].str.lower()
```

0	코로나 상생지원금 문의입니다.
1	지하철 운행시간 문의입니다.
2	버스 운행시간 문의입니다.
3	사회적 거리두기로 인한 영업시간 안내입니다.
4	bus 운행시간 문의입니다.
5	taxi 승강장 문의입니다.

■ 양끝 공백 제거하기

만약 단어에 공백이 포함되어 있다면 같은 값이라도 여러 값이 중복으로 생기게 된다. 예를 들어 " 버스 "처럼 공백이 포함된 문자가 있다면 "버스"와 같은 단어지만 값이 중복된다. 중복 값은 빈도수 표현, 단어 사전 등의 처리 결과에 영향을 미치기 때문에 제거해야 한다.

공백 문자는 눈에 잘 띄지 않기 때문에 전처리 과정에서 간과하기 쉬우므로, 무조건 전처리해야 하는 부분이라고 생각해야 실수를 줄일 수 있다. 제거 방식은 다른 문자열 처리와 마찬가지로 str.메서드() 형식을 사용한다.

• str.strip(): 양끝 공백 제거하기

```
df_doc["문서"].str.strip()
```

0	코로나 상생지원금 문의입니다.
1	지하철 운행시간 문의입니다.
2	버스 운행시간 문의입니다.
3	사회적 거리두기로 인한 영업시간 안내입니다.
4	Bus 운행시간 문의입니다.
5	Taxi 승강장 문의입니다.

■ 어절 나누기

공백(띄어쓰기)을 기준으로 어절을 나눌 때는 다음 형식을 사용한다.

- Series.str.split(): 어절 나누기

Series.str.split()은 판다스의 주요 문자열 처리 방식으로 쉽게 문장을 나눌 수 있어서 널리 사용되고 있다. 다음 코드와 같이 괄호 안에 아무것도 넣지 않으면 기본값인 공백(띄어쓰기)을 기준으로 문장을 나눈다.

```
# 공백(띄어쓰기)을 기준으로 어절 나누기
df_doc["문서"].str.split()
```

0	[코로나, 상생지원금, 문의입니다.]
1	[지하철, 운행시간, 문의입니다.]
2	[버스, 운행시간, 문의입니다.]
3	[사회적, 거리두기로, 인한, 영업시간, 안내입니다.]
4	[Bus, 운행시간, 문의입니다.]
5	[Taxi, 승강장, 문의입니다.]

만약 특정 구분자로 나누고 싶다면 괄호 안에 구분자를 넣어 주면 된다. 예를 들어 공백이 아닌 "-" 등의 문자로 구분되어 있다면 Series.str.split("-")로 구분자를 넣어 준다. 반환값은 리스트 형태인데, 만약 데이터 프레임으로 반환받고 싶다면 expand=True를 사용하면 된다. series.str.split(expand=True)로 나누면 반환된 값을 데이터 프레임에서 색인해 활용할 수 있다.

```
# 어절을 나누고 데이터 프레임으로 반환받기
df_doc["문서"].str.split(expand=True)
```

실행 결과

	0	1	2	3	4
0	코로나	상생지원금	문의입니다.	None	None
1	지하철	운행시간	문의입니다.	None	None
2	버스	운행시간	문의입니다.	None	None
3	사회적	거리두기로	인한	영업시간	안내입니다.
4	Bus	운행시간	문의입니다.	None	None
5	Taxi	승강장	문의입니다.	None	None

■ 특정 문자 찾기

특정 문자를 찾을 때는 다음 형식을 사용한다.

- str.contains("찾으려는 문자"): 문자가 있는 열은 True, 없는 열은 False

다음은 "버스"라는 문자가 들어간 열을 찾는 코드다.

```
# 특정 문자가 들어간 텍스트 찾기
df_doc["문서"].str.contains("버스")
```

실행 결과

```
0    False
1    False
2    True
3    False
4    False
5    False
```

True/False가 아닌 문자가 들어 있는 행을 출력할 수도 있다. 데이터 프레임으로 다시 한번 감싸 주면 해당 데이터만 가져온다.

- df_doc[df_doc["문서"].str.contains("찾으려는 문자")]

다음 코드를 보면 df_doc 안을 다시 감싸는 방식을 사용했다.

```
# 특정 문자가 들어간 텍스트를 찾아
# 데이터 프레임으로 다시 감싸 주면 해당 데이터만 가져온다.
df_doc[df_doc["문서"].str.contains("버스")]
```

	문서
2	버스 운행시간 문의입니다.

참고로 문자를 찾을 때 내부에 정규표현식을 함께 사용할 수도 있다. "버스"를 입력하면 "버스"가 들어간 데이터만 가져오지만 "버스|지하철"을 입력하면 "버스" 또는 "지하철"이 들어간 데이터를 모두 찾아온다. "버스|지하철" 문자 사이에 있는 | 연산자가 OR 조건을 의미하기 때문이다(| 키는 Enter 키 위에 있다). 마찬가지로 & 연산자를 사용하면 AND 조건으로 데이터를 찾을 수 있다.

■ 문자열 바꾸기

특정 문자열을 변경하고자 할 때는 다음 형식을 사용한다.

• str 접근자의 replace(): 문자열 바꾸기

판다스에서는 replace() 메서드와 str 접근자의 replace(), 두 가지 기능을 사용해 문자열을 변경할 수 있는데 다음과 같은 차이가 있다.

표 3-5 | replace() 메서드와 str 접근자의 replace() 차이점

	replace() 메서드	str 접근자의 replace()
데이터 프레임/시리즈 지원 여부	데이터 프레임, 시리즈 모두 사용 가능	시리즈에만 사용 가능
대체값 일치 여부	전체 텍스트가 일치해야 대체(정규표현식 사용 시 일부만 일치해도 대체)	일부 일치하는 텍스트를 대체
정규표현식	사용 가능	사용 가능

정규표현식은 둘 다 지원한다. 정규표현식을 통해 일부 텍스트를 변경하는 전처리를 할 수 있다.

다음은 str.replace()로 특정 문자열을 변경한 코드다.

```
# replace를 통해 특정 문자열을 변경할 수 있다.
df_doc["문서"].str.replace("운행", "영업")
```

0	코로나 상생지원금 문의입니다.
1	지하철 영업시간 문의입니다.
2	버스 영업시간 문의입니다.
3	사회적 거리두기로 인한 영업시간 안내입니다.
4	Bus 영업시간 문의입니다.
5	Taxi 승강장 문의입니다.

다음은 문자열을 변경하면서 정규표현식을 함께 사용한 코드다.

```
# replace로 문자열을 변경할 때 정규표현식을 함께 사용할 수 있다.
df_doc["문서"].str.replace("버스|지하철", "대중교통", regex=True)
```

0	코로나 상생지원금 문의입니다.
1	대중교통 운행시간 문의입니다.
2	대중교통 운행시간 문의입니다.
3	사회적 거리두기로 인한 영업시간 안내입니다.
4	Bus 운행시간 문의입니다.
5	Taxi 승강장 문의입니다.

LESSON 02 넘파이

KOREAN TEXT ANALYSIS FOR EVERYONE

넘파이(NumPy)는 Numerical Python의 줄임말로 고성능 수치 계산을 쉽게 하도록 도와주는 라이브러리다. 자연어를 기계가 이해할 수 있는 벡터 형태로 바꾸려면 다차원 계산이 필수인데 파이썬의 리스트와 비슷한 넘파이의 N차원 배열 객체(ndarray)를 통해 다차원 배열을 생성하고 계산할 수 있다. 이 책은 텍스트 분석을 다루지만, 머신러닝이나 딥러닝을 활용해 텍스트 데이터를 분석할 때는 넘파이의 ndarray 형태로 가공해서 사용할 것이다.

또한, 앞에서 배운 판다스가 엑셀처럼 행과 열을 사용해 2차원 계산을 한다면 넘파이는 3차원 이상의 배열 연산이 가능하다. 따라서 판다스는 물론이고 뒤에서 배울 맷플롯립 등에서도 넘파이를 먼저 설치하고 그 위에서 구동하는 예시가 많다.

이외에도 선형대수학, 푸리에 변환, 난수 생성 등 쓰임이 많지만 이 책에서는 ndarray의 개념, 인덱싱, 슬라이싱과 연산 등 치트시트에 있는 내용을 중심으로 10분 만에 넘파이 배열을 생성하는 방법을 알아보려고 한다.

먼저 넘파이를 실행하기 위해 임포트해 보자. 판다스를 pd라는 별칭으로 부른 것처럼 넘파이는 np라는 별칭으로 부른다.

```
import numpy as np
```

1 넘파이 배열 이해하기

넘파이는 1차원 이상의 배열(Array)을 지원한다. 표현 형식은 다음과 같다.

	배열	파이썬 리스트 또는 튜플	데이터 타입			
np .	array	([1, 2, 3],	dtype	=	float	)

위의 표현 방식을 넘파이 공식 문서[3]의 이미지로 나타내면 다음과 같다.

그림 3-3 | 넘파이 배열

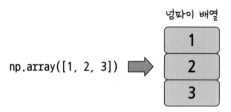

위 형식을 코드로 확인해 보면 다음과 같은 값을 얻는데, dtype을 보면 리스트가 아님을 알수 있다.

```
a = np.array([1, 2, 3], dtype = float)
a
```

실행 결과
```
array([1., 2., 3.])
```

리스트는 다차원 데이터를 다루는 데 제한이 있지만 넘파이 배열로 변경하면 다차원 데이터를 자유롭게 다룰 수 있다.

```
# 차원 반환
a.ndim
```

실행 결과
```
1
```

```
# 데이터 타입 반환
a.dtype
```

실행 결과
```
dtype('float64')
```

```
# object dimension의 구성을 튜플 형태로 반환
a.shape
```

실행 결과
```
(3,)
```

---

3 다음 문서에서 넘파이 배열에 대한 다양한 설명을 확인할 수 있다.

■ 브로드캐스팅

브로드캐스팅(broadcasting)은 서로 다른 모양의 배열을 처리하는 방법이다. 배열 연산을 벡터화할 때 파이썬 대신 내부적으로 C언어를 통해 구현되어 있기 때문에 속도가 빠르다. 두 배열의 모양이 다르더라도 연산 조건을 만족하면 배열을 처리한다. 그래서 배열과 스칼라 연산이 가능하다. 판다스 내부에서도 넘파이를 사용하고 있는데 통계적 연산뿐만 아니라, 파생 변수를 만들거나 특정 시리즈에 값을 일괄 업데이트할 수 있는 것은 넘파이의 브로드캐스팅 덕분이다.

다음 코드는 배열과 스칼라값의 연산이다. 스칼라값은 배열과 모양이 다르더라도 연산할 수 있다.

```
data = np.array([1.0, 2.0])
data * 1.6
```

실행 결과

```
array([1.6, 3.2])
```

그림 3-4 | 배열과 스칼라값의 연산[4]

다음 코드의 변수 c는 (4, 3)의 배열 형태이고, d는 (3,)으로 1차원 벡터 형태이지만 연산할 수 있다. 이때 1차원 벡터의 크기는 배열의 열 개수인 3과 같아야 한다.

```
c = np.array([[ 0,  0,  0],
              [10, 10, 10],
              [20, 20, 20],
              [30, 30, 30]])
d = np.array([1, 2, 3])

print(c.shape, d.shape)
c + d
```

---

4 출처: https://numpy.org/doc/stable/user/absolute_beginners.html

```
(4, 3) (3,)
array([[ 1,  2,  3],
       [11, 12, 13],
       [21, 22, 23],
       [31, 32, 33]])
```

다음과 같이 (4, 3) 형태의 배열과 (4,) 형태의 1차원 벡터를 연산하면 열의 크기와 1차원 벡터의 크기가 달라 브로드캐스팅되지 않고 오류가 발생할 수 있으므로 주의해야 한다.

```
e = np.array([1, 2, 3, 4])
print(c.shape, e.shape)
c + e
```

```
(4, 3) (4,)
--------------------------------------------------------------------
ValueError    Traceback (most recent call last)
<ipython-input-4-b046b312de3b> in <module>
      1 e = np.array([1, 2, 3, 4])
      2 print(c.shape, e.shape)
----> 3 c + e
ValueError: operands could not be broadcast together with shapes (4,3) (4,)
```

다음 그림을 보자. 배열의 열 크기와 같은 크기의 1차원 벡터를 더하면 오류가 나지 않는다.

그림 3-5 | 배열의 열 크기와 같은 크기의 1차원 벡터는 더할 수 있다[5]

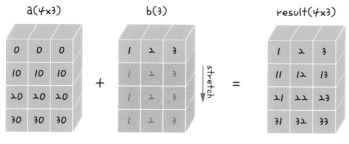

---

5 출처: https://numpy.org/doc/stable/user/basics.broadcasting.html#basics-broadcasting

하지만 배열의 열과 다른 크기의 1차원 벡터를 더하려 하면 계산할 수 없다.

그림 3-6 | 배열의 열 크기와 다른 크기의 1차원 벡터는 더할 수 없다

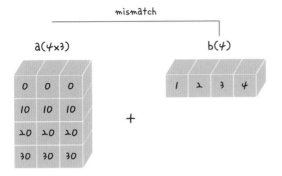

■ **집계 함수**

집계 함수(Aggregate Function)를 사용해 기술 통계량을 계산할 수 있다.

- max( ) 또는 np.max( ): 최댓값을 반환하는 함수
- min( ) 또는 np.min( ): 최솟값을 반환하는 함수
- sum( ) 또는 np.sum( ): 합계를 반환하는 함수

다음은 각 원소의 최댓값과 최솟값을 구하는 코드다.

```
a.max()
```
실행 결과
```
3.0
```

```
a.min()
```
실행 결과
```
1.0
```

다음은 각 원소의 합계를 구하는 코드다.

```
a.sum()
```
실행 결과
```
6.0
```

다차원 배열의 합을 구한다는 것이 직관적으로 와닿지 않을 수 있는데, 다음 장에서 np.sum( )을 사용해 train_feature_vector의 합계를 구해 보겠다.

또한, 산술 평균도 구할 수 있으며, 이때 열과 행을 구분해 구할 수도 있다.

- np.mean(): 산술 평균을 반환하는 함수

- np.mean(s, axis = 0): 열을 따라 산술 평균을 반환하는 함수

- np.mean(s, axis = 1): 행을 따라 산술 평균을 반환하는 함수

```
s = [[10, 20, 30],
     [30, 40, 50],
     [50, 60, 70],
     [70, 80, 90]]

print("2차원 배열 :", s)
print("열에 따른 산술 평균 :", np.mean(s, axis=0))
print("행에 따른 산술 평균 :", np.mean(s, axis=1))
```

```
2차원 배열 : [[10, 20, 30], [30, 40, 50], [50, 60, 70], [70, 80, 90]]
열에 따른 산술 평균 : [40. 50. 60.]
행에 따른 산술 평균 : [20. 40. 60. 80.]
```

np.where()는 괄호 안 조건에 맞는 값을 찾아서 그 원소의 인덱스를 배열로 반환한다. 다음 코드처럼 a < 3라고 사용하면 3보다 작은 숫자가 첫 번째 원소와 두 번째 원소임을 알려준다.

```
np.where(a < 3)
```

```
(array([0, 1]),)
```

■ **배열 생성**

넘파이를 이용해 새로운 배열을 생성할 수도 있다.

- np.zeros((2, 3)): 원소가 모두 0으로 이루어진 2열 3행의 배열을 만든다.

- np.ones((2, 3)): 원소가 모두 1로 이루어진 2열 3행의 배열을 만든다.

- np.linspace(start, stop, step): 시작과 끝 사이에 균일하게 숫자를 생성한다.

다음 코드는 0에서 2까지 균일하게 9개 숫자를 생성한다.

```
np.linspace(0, 2, 9)
```

```
array([0.  , 0.25, 0.5 , 0.75, 1.  , 1.25, 1.5 , 1.75, 2.  ])
```

다음으로 랜덤 모듈을 사용해서 난수를 생성하는 방법을 알아보자. random.random()은 균등 분포로, random.rand()는 균등 비율로, random.randn()은 정규 분포로 표본을 추출한다.

넘파이 배열		랜덤 모듈		함수	배열의 모양
np	.	random	.	random()	(2, 2)
				rand()	
				randn()	
				randint()	
				normal()	

다음 코드에서는 random.random()과 random.normal()로 난수를 생성했다. 실행해 보면 난수로 값을 생성했기 때문에 실습 값은 다르게 나올 것이다. 하지만 배열 형태는 (2, 2)로 같다.

```
d = np.random.random((2, 2))
d
```

```
array([[0.0066612 , 0.62692341],
       [0.72767587, 0.21994277]])
```

만약 평균이 0이고 표준편차가 1인 정규 분포를 2열 3행으로 만들고 싶다면 다음과 같이 랜덤 모듈 안에 원하는 값을 입력한다.

넘파이 배열		랜덤 모듈		정규 분포	평균	표준편차	배열의 행과 열		
np	.	random	.	normal	(0,	2,	(2, 3	)	)

코드로 작성하면 다음과 같다.

```
e = np.random.normal(0, 2, (2, 3))
print(e)
```

```
[[ 1.53026248  2.36675577 -2.17473944]
 [-2.39123573 -4.67210693 -2.29110258]]
```

 ## 2 맷플롯립으로 넘파이 배열 시각화하기

맷플롯립(Matplotlib)은 데이터를 차트나 플롯으로 시각화하는 라이브러리다. 맷플롯립으로 정규 분포를 시각화해 보자.

다음 코드는 아래와 같은 순서로 작성한 것이다.

1 | 먼저 플롯을 그리기 위해서 matplotlib을 불러온다.

2 | 평균 = 0, 표준편차 = 1.0인 정규 분포를 만든다.

3 | 만들어진 정규 분포를 화면에 출력한다.

```
import matplotlib.pyplot as plt

# 평균이 0이고 표준편차가 1인
# 정규 분포 형태의 히스토그램을 시각화
plt.hist(np.random.normal(loc=0.0, scale=1.0, size=100000), bins=100)

# 정규 분포를 화면에 출력
plt.show()
```

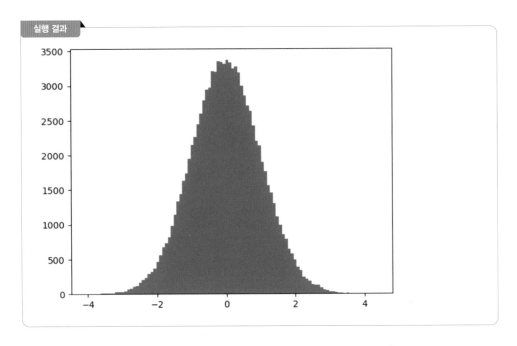

히스토그램에서 bins는 막대의 수로, 구간을 몇 개로 나눌 것인지를 의미한다.

- bins의 값을 크게 할수록 구간이 많이 나뉘므로, 수치 데이터의 분포를 자세히 보기에 적합하다.
- bins의 값을 작게 할수록 구간이 적게 나뉘므로, 여러 구간을 묶어 보기에 적합하다.

4장

단어 가방 모형과 TF-IDF

KOREAN TEXT ANALYSIS FOR EVERYONE

이 장에서는 텍스트 분석에 널리 쓰이는 분석 방법인 단어 가방(Bag of Words, BOW) 모형과 TF-IDF(Term Frequency-Inverse Document Frequency) 방법을 살펴본다. 단어 가방 모형은 단어의 순서를 고려하지 않고 중복 발생 빈도를 중요하게 취급하는 방법이다. 단어 가방이라는 비유적 표현을 사용한 것은 주머니에서 공을 꺼내거나 가방에서 단어 카드를 꺼내는 방식처럼 계산하기 때문이다. TF-IDF에서 TF나 IDF도 출현 빈도를 고려해 가중치를 적용하는 방법이다. 먼저 단어 가방 모형부터 알아보자.

LESSON 01 단어 가방 모형

KOREAN TEXT ANALYSIS FOR EVERYONE

단어 가방 모형이라는 표현은 1954년의 젤리그 해리스(Zellig Harris)의 논문에서 처음 사용됐다. 비교적 간단하게 단어를 벡터로 표현해 주어진 텍스트의 특징을 설명할 수 있다는 점은 널리 쓰일 만한 큰 장점이다. 다만, 단어의 빈도수는 같으나 단어의 순서가 중요한 문장이나, 부정 표현이 있는 문장 등에 의미를 세밀하게 구별하기 어렵다는 단점이 있다. 다음 예문을 보자.

- 쉽게 성공했다고 생각하지 않는다. (어렵게 성공했다)
- 성공하지 않았다고 생각하기 쉽다. (성공했다)
- 쉽게 생각해도 성공한 것은 아니다. (실패했다)

위 문장들은 '쉽다, 성공하다, 생각하다 + 부정 표현'의 어순 배열을 달리한 것인데, 단어의 위치에 따라 의미가 완전히 달라진다. 이와 같은 단점을 보완하기 위해 n-gram, min_df, max_df 등의 기법이 사용되는데 단어 가방 모형에 이어서 살펴볼 것이다.

1 단어 가방 모형을 만드는 방법

단어 가방 모형을 만들기 위해 판다스, 넘파이 외에 사이킷런(scikit-learn)도 활용한다. 사이킷런은 단어 가방 모형을 만들 수 있는 방법인 CountVectorizer( )를 제공한다. 또한, 앞에서 언급했듯이 실질적인 머신러닝을 할 수 있는 대부분의 과정을 지원하는 라이브러리이기 때문에(그림 4-1 참고) 이후 하나하나 실습하면서 익힐 것이다.

그림 4-1 | 사이킷런 알고리즘 치트시트[1]

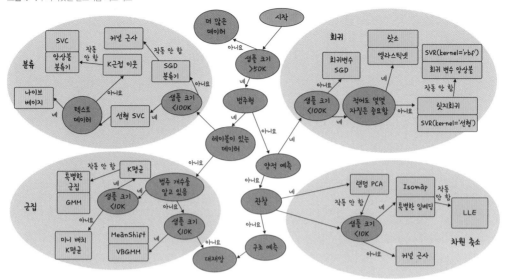

▪ CountVectorizer

CountVectorizer로 단어 가방을 만들 때 사용할 수 있는 기능은 다음과 같다. 조금 뒤에 이 중 몇 가지를 사용해 볼 것이다.

CountVectorizer의 주요 매개 변수[2]

- analyzer: 단어, 문자 단위의 벡터화 방법 정의

- ngram_range: BOW 단위 수가 (1, 3)이라면 1~3개까지 토큰을 묶어서 벡터화

- max_df: 주어진 임곗값보다 빈도가 높은 단어(불용어)를 제외하는 방법

  · 기본값은 1.0으로 100%를 의미

  · max_df = 0.90: 문서의 90%까지 사용. 그보다 큰 단어는 제외

  · max_df = 10: 10개까지 등장하는 단어를 사용. 그보다 큰 단어는 제외

- min_df: 컷오프라고도 하며 주어진 입곗값보다 빈도가 낮은 단어를 제외히는 방법
  - 기본값은 1.0으로 1번 이상 등장하는 단어를 의미
  - min_df = 0.01: 문서의 1% 이상 등장하는 단어를 사용. 그보다 적은 단어는 제외
  - min_df = 10: 문서에 10개 이상 등장하는 단어를 사용. 그보다 적은 단어는 제외
- stop_words : 불용어 정의

■ fit(), transform()과 fit_transform()

사이킷런에서 단어를 학습할 때는 fit( ), transform( )과 fit_transform( ) 메서드를 사용한다.

- fit( ): 문서에 있는 모든 토큰의 단어 사전을 학습
- transform( ): 문서를 단어와 문서 행렬로 변환. transform( ) 이후에는 행렬로 변환되어 숫자 형태로 변경
- fit_transform( ): 학습과 변환을 한 번에. 그러나 fit_transform( )은 학습 데이터에만 사용하고 시험(테스트) 데이터에는 사용할 수 없음

표 4-1 | fit(), transform()과 fit_transform() 비교

	fit(), transform()	fit_transform()
학습 세트	fit()과 transform()을 각각 사용	fit_transform() 메서드로 사용
시험 세트	transform()	transform()
비고	fit()을 통해 단어 사전을 학습하고 transform()으로 변환	학습과 변환을 한 번에 해 준다는 장점이 있지만, 같은 이유로 시험 데이터 세트에는 사용할 수 없고 학습 데이터 세트에만 사용해야 한다. 학습과 변환을 한꺼번에 해서 시험 데이터를 평가한다면 시험 데이터를 학습한 후에 다시 테스트하는 일종의 시험지 미리 보기 같은 결과를 가져오기 때문이다.

학습, 시험 데이터의 단어 사전 내용과 순서가 제각각이라면 단어 가방 모형을 만들어도 제대로 학습할 수 없다. 따라서 단어 가방 모형을 만들 때는 학습 데이터와 시험 데이터로 나눈 뒤 학습 데이터를 기준으로 만든다. 그래야 시험 데이터에만 있는 단어가 단어 사전에 포함되지 않는다.

2 단어 가방 모형 만들기

이제 단어 가방을 만들어 보자. 먼저 사이킷런을 포함해 이전 장에서 소개한 데이터 분석 라이브러리들을 미리 불러와서 임포트한다. 불러올 때는 공식 문서에서 사용하는 별칭 그대로 불러오도록 한다.

```
# 데이터 분석을 위한 pandas, 수치 계산을 위한 numpy,
# 시각화를 위한 seaborn, matplotlib을 임포트한다.
import pandas as pd
import numpy as np
import seaborn as sns
import matplotlib.pyplot as plt
```

한글과 음수 부호 등이 깨지는 현상을 막기 위해 시각화 스타일을 설정하고, 라인플롯(lineplot)을 그려 출력을 확인한다. 결과를 보면 그래프 제목인 '한글'이 잘 출력된다.

```
# 한글 폰트 설정
import koreanize_matplotlib

# 그래프에 retina display 적용
%config InlineBackend.figure_format = 'retina'

pd.Series([1, 3, 5, -7, 9]).plot(title="한글", figsize=(6, 1))
```

실행 결과

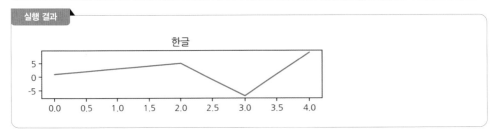

koreanize-matplotlib

한글 폰트 설정을 위한 koreanize-matplotlib이 설치되어 있지 않다면 다음과 같이 설치한다. 코랩에서는 노트북을 새로 열 때마다 설치해야 한다. 사용하지 않을 때는 #을 이용해 주석 처리해 둔다.

```
!pip install koreanize-matplotlib
```

이제 예제를 통해 간단하게 CountVectorizer()의 동작 모습을 알아보자. 앞에서 만들어 둔 예문을 바탕으로 CountVectorizer()를 사용해 단어 가방 모형을 생성할 것이다. 코드는 다음과 같은 순서로 작동한다.

1 │ 분석하려는 데이터를 corpus에 담는다.

2 │ sklearn.feature_extraction.text에서 CountVectorizer()를 불러온다.

3 │ fit()에 데이터(corpus)를 넣어 단어 사전을 학습시킨다.

4 │ transform() 메서드를 통해 수치 행렬 형태로 변환한다.

먼저 데이터를 'corpus'에 담는다. 여기서는 임의로 네 문장을 담았다.

```
corpus = ["코로나 거리두기와 코로나 상생지원금 문의입니다.",
          "지하철 운행시간과 지하철 요금 문의입니다.",
          "지하철 승강장 문의입니다.",
          "택시 승강장 문의입니다."]

corpus
```

실행 결과

```
['코로나 거리두기와 코로나 상생지원금 문의입니다.',
 '지하철 운행시간과 지하철 요금 문의입니다.',
 '지하철 승강장 문의입니다.',
 '택시 승강장 문의입니다.']
```

변수 corpus의 출력 결과를 보면 네 문장이 모두 잘 담겼다. 당연하다고 생각할 수도 있지만 이렇게 당연한 것에서도 오류가 날 수 있기 때문에 확인하는 습관을 갖는 것이 좋다.

데이터가 완성됐으므로 이제 sklearn.feature_extraction.text의 CountVectorizer()를 통해
BOW 인코딩 벡터를 만든다.

```
from sklearn.feature_extraction.text import CountVectorizer
```

다음으로 문장에서 노출되는 feature(특징이 될 만한 단어) 수를 합한 문서 단어 행렬
(Document Term Matrix, 이하 dtm)을 반환하고, fit()으로 문서에 있는 모든 토큰의 단어
사전을 학습시킨다. 마지막으로 transform()으로 문서를 단어 빈도수가 들어 있는 단어–
문서 행렬로 변환한다.

```
cvect = CountVectorizer()
cvect.fit(corpus)
dtm = cvect.transform(corpus)
dtm
```

실행 결과

```
<4x9 sparse matrix of type '<class 'numpy.int64'>'
  with 14 stored elements in Compressed Sparse Row format>
```

결괏값을 보면 4x9의 희소 행렬(sparse matrix, 행렬의 값이 대부분 '0'인 행렬)이 출력(Out)됐
음을 알 수 있다. 필수는 아니지만 더 간단히 작업하고 싶다면 fit_transform()을 사용해
효율적으로 구현할 수도 있다. 이때는 fit_transform()으로 단어 사전을 학습하고 단어와
문서 행렬을 반환하는데 앞에서 설명한 것처럼 fit 다음에 변환이 오는 것과 동일하지만 더
효율적으로 구현된다.

```
dtm = cvect.fit_transform(corpus)
dtm
```

실행 결과

```
<4x9 sparse matrix of type '<class 'numpy.int64'>'
  with 14 stored elements in Compressed Sparse Row format>
```

결과를 보면 fit( ), transform( )과 fit_transform( )은 코드는 달라도 같은 크기의 행렬을 생성한다.

단어 행렬을 생성했다면 vocabulary_를 통해 단어 사전을 볼 수 있다. 이때 단어 사전 딕셔너리 안의 숫자 값에는 순차 정렬된 순서의 단어 번호가 들어 있다. 사이킷런 버전에 따라 조금 다르게 출력될 수 있지만 인덱스 번호가 단어를 순차 정렬한 순서 값이라는 점은 동일하다.

```
# 단어 사전을 확인해 보면 {"단어": 인덱스 번호}로 되어 있음을 알 수 있다.
cvect.vocabulary_
```

실행 결과

```
{'코로나': 7,
 '거리두기와': 0,
 '상생지원금': 2,
 '문의입니다': 1,
 '지하철': 6,
 '운행시간과': 5,
 '요금': 4,
 '승강장': 3,
 '택시': 8}
```

get_feature_names_out( )을 사용하면 dtm이라는 변수로 쓰인 단어–문서 행렬에 등장하는 순서대로 단어 사전을 반환한다.

```
vocab = cvect.get_feature_names_out()
vocab
```

실행 결과

```
array(['거리두기와', '문의입니다', '상생지원금', '승강장', '요금', '운행시간과', '지
하철', '코로나', '택시'], dtype=object)
```

이제 document-term matrix를 판다스의 데이터 프레임으로 만들어서 단어의 빈도를 확인할 수 있다.

```
df_dtm = pd.DataFrame(dtm.toarray(), columns=vocab)
df_dtm
```

실행 결과

	거리두기와	문의입니다	상생지원금	승강장	요금	운행시간과	지하철	코로나	택시
0	1	1	1	0	0	0	0	2	0
1	0	1	0	0	1	1	2	0	0
2	0	1	0	1	0	0	1	0	0
3	0	1	0	1	0	0	0	0	1

전체 문서에는 등장하지만, 해당 문서에는 등장하지 않는 단어는 0으로 표시된다. 예시 문서의 빈도수를 보면 첫 번째 문서에서 '코로나'라는 단어가 2번 등장하기 때문에 빈도수가 2로 표시되어 있다.

이제 전체 문서에서 단어 빈도의 합계를 구해 데이터가 간명하게 보이도록 요약한다.

```
# T는 가로로 길게 보이기 위해 추가한 것으로
# 행과 열의 위치를 바꾸는 전치행렬 기능이다.
df_dtm.sum().to_frame().T
```

실행 결과

	거리두기와	문의입니다	상생지원금	승강장	요금	운행시간과	지하철	코로나	택시
0	1	4	1	2	1	1	3	2	1

각 단어가 문서에 등장하는 빈도수로 표현되기 때문에 직관적이다. 그러나 전체 단어 사전을 행렬로 만들기 때문에 희소 행렬로 만들어져 계산 효율이 낮고 앞뒤 맥락을 잃어버린다는 단점이 있다. 이러한 단점을 보완하는 n-gram, min_df, max_df 등 몇 가지 기법이 있는데, 이에 대해 더 알아보자.

3 n-gram: 앞뒤 단어 묶어서 사용

단어의 등장 빈도만으로 행렬을 구성해 앞뒤 맥락을 잃어버리는 단점을 보완하기 위해 앞뒤 단어를 묶어서 단어 사전을 구성하는 것이 n-gram 방식이다.

단어 가방 모형은 하나의 토큰을 사용하지만, n-gram은 연속적인 토큰 중 몇 개(n)를 하나의 단위로 볼 것인지 정할 수 있다(그림 4-2 참고). 이때 기준이 되는 토큰은 음소, 음절, 단어, 어절 등이 모두 구성 요소가 된다. 가령 띄어쓰기를 기본 단위로 하는 어절 단위의 토큰을 사용한다면,

- uni-gram: 1어절이 하나의 구성 단위가 된다.
- bi-gram: 2어절이 하나의 구성 단위가 된다.
- tri-gram: 3어절이 하나의 구성 단위가 된다.

그림 4-2 | n-gram

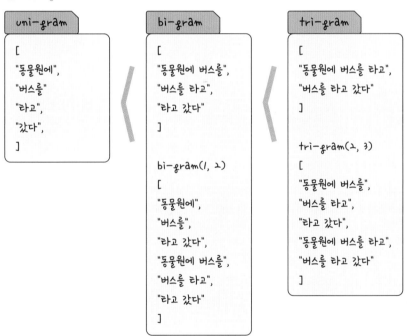

이처럼 n의 개수에 따라 여러 토큰을 사용할 수 있는데, 토큰을 몇 개 사용할지는 ngram_range를 통해 정한다. 지정한 n개 숫자만큼의 토큰을 묶어서 사용한다. 예를 들어 기본값인 (1, 1)이라면 1개의 토큰을 사용하고 (2, 3)이라면 2~3개의 토큰을 사용한다. analyzer 설정에 따라 음절이나 단어, 어절 등의 단위에 따라 사용할 수 있다.

- 기본값은 (1, 1)
- ngram_range(min_n, max_n)
- min_n <= n <= max_n
  - (1, 1)은 1 <= n <= 1
  - (1, 2)은 1 <= n <= 2
  - (2, 2)은 2 <= n <= 2

다음은 단어를 2개까지 묶어서 단어 사전을 구성한 예다. 앞뒤 단어를 묶어서 단어 사전을 만들기 때문에 문장의 맥락을 더 잘 표현할 수 있다.

```
# ngram_range: 추출할 다른 단어 n-gram 또는 char n-gram에 대한
# n-값 범위의 하한 및 상한이다. 기본값은 (1, 1)
# ngram_range = (1, 2)
cvect = CountVectorizer(ram_range=(1, 2))
dtm = cvect.fit_transform(corpus)
```

실행 결과

```
<4x20 sparse matrix of type '<class 'numpy.int64'>'
  with 26 stored elements in Compressed Sparse Row format>
```

희소 행렬로 출력됐다는 메시지가 나왔다. 앞에서와 마찬가지로 get_feature_names_out()을 사용해 dtm 변수에 쓰인 단어-문서 행렬에 등장하는 순서대로 단어 사전을 반환해 보자.

```
vocab = cvect.get_feature_names_out()
df_dtm = pd.DataFrame(dtm.toarray(), columns=vocab)
df_dtm
```

	거리두기와	거리두기와 코로나	문의입니다	상생지원금	상생지원금 문의입니다	승강장	승강장 문의입니다	요금	요금 문의입니다	운행시간과	운행시간과 지하철	지하철	지하철 승강장	지하철 요금	지하철 운행시간과	코로나	코로나 거리두기와	코로나 상생지원금	택시	택시 승강장
0	1	1	1	1	1	0	0	0	0	0	0	0	0	0	0	2	1	1	0	0
1	0	0	1	0	0	0	0	1	1	1	1	2	0	1	1	0	0	0	0	0
2	0	0	1	0	0	1	1	0	0	0	0	1	1	0	0	0	0	0	0	0
3	0	0	1	0	0	1	1	0	0	0	0	0	0	0	0	0	0	0	1	1

이제 df_dtm.sum으로 전체 문서의 빈도수 합계를 구할 수 있다.

```
df_dtm.sum().to_frame().T
```

	거리두기와	거리두기와 코로나	문의입니다	상생지원금	상생지원금 문의입니다	승강장	승강장 문의입니다	요금	요금 문의입니다	운행시간과	운행시간과 지하철	지하철	지하철 승강장	지하철 요금	지하철 운행시간과	코로나	코로나 거리두기와	코로나 상생지원금	택시	택시 승강장
0	1	1	4	1	1	2	2	1	1	1	1	3	1	1	1	2	1	1	1	1

4 min_df와 max_df: 빈도수 설정

문서에서 토큰이 나타난 횟수를 기준으로 단어장을 구성할 수도 있다. 이 경우 min_df, max_df를 사용한다. 토큰의 빈도가 min_df로 지정한 값보다 작거나 max_df로 지정한 값을 초과한 경우에는 무시한다. 또한, 정수인 경우 횟수, 부동소수점인 경우 비율을 의미한다.

표 4-2 | min_df와 max_df 비교

	min_df	max_df
정수(int)	빈도수로 해당 빈도 이상인 단어만 사용 예) 2라면 한 번만 등장하는 단어는 제외	빈도수로 해당 빈도 이하인 단어만 사용 예) 100이라면 101번 이상 등장하는 단어는 제외
실수(float)	해당 비율보다 작은 비율로 등장하는 단어는 제외 예) 0.1이라면 10% 이상 등장하는 단어를 사용	해당 비율보다 큰 비율로 등장하는 단어는 제외 예) 0.9라면 90%까지 등장하는 단어만 사용
효과	오타, 희귀 단어 제거 효과	너무 자주 등장하지만 큰 의미가 없는 불용어 제거 효과

오타, 희귀 단어 등은 문서에 매우 적은 빈도나 비율로 등장한다. min_df는 문서 빈도나 비율이 지정된 임곗값보다 낮은 단어를 제외한다. 예를 들어 min_df를 0.1 또는 0.2로 설정하면 10% 또는 20%보다 큰 비율로 나타나는 단어만 학습한다.

너무 자주 등장하는 단어도 있다. 특별한 의미를 갖기도 하지만 불용어일 수도 있다. max_df는 주어진 임곗값보다 빈도가 높은 단어를 무시한다. 예를 들어 코로나 관련 기사를 분석하면 문서의 90%에 '코로나'라는 단어가 등장할 수 있는데, 이 경우 max_df=0.89로 비율을 설정해 너무 빈번하게 등장하는 단어를 제외할 수 있다.

다음 코드를 보자. ngram_range=(1, 3), min_df=0.2, max_df=5로 단어 가방 모형을 만든 것이다. 이렇게 설정한 의미는 다음과 같다. 물론 지정하는 숫자는 사용하는 문서에 따라 조정하면 된다.

- 단어를 1~3개까지 묶어서 사용하고,
- 20% 이상 등장하는 단어만 사용하며,
- 5번까지 등장하는 단어로만 사전을 구성한다.

```
cvect = CountVectorizer(ngram_range=(1, 3), min_df=0.2, max_df=5)
dtm = cvect.fit_transform(corpus)
vocab = cvect.get_feature_names_out()
df_dtm = pd.DataFrame(dtm.toarray(), columns=vocab)
df_dtm
```

실행 결과

	거리두기와	거리두기와 코로나 상 생지원금	거리두기와 코로나	문의입니다	상생지원금	상생지원금 문의입니다	승강장	승강장 문의입니다	요금	요금 문의입니다	...	지하철 운행시간과	지하철 운 행시간과 지하철	코로나	코로나 거리두 기와	코로나 거 리두기와 코로나	코로나 상 생지원금	코로나 상 생지원금 문의입니다	택시	택시 승강장	택시 승강 장 문의입니다
0	1	1	1	1	1	0	0	0	0	0	...	0	0	2	1	1	1	1	0	0	0
1	0	0	0	1	0	0	0	0	1	1	...	1	1	0	0	0	0	0	0	0	0
2	0	0	0	1	0	0	1	1	0	0	...	0	0	0	0	0	0	0	0	0	0
3	0	0	0	1	0	0	1	1	0	0	...	0	0	0	0	0	0	0	1	1	1

5 max_features: 학습 단어 개수 제한

max_features는 학습할 단어의 개수를 제한한다.

바로 코드를 보자. corpus 중 빈도수가 가장 높은 순으로, 지정한 개수만큼 단어 사전을 만들어서 벡터라이저가 학습할 기능(어휘)의 양을 제한한 것이다.

```
# max_features: 개수만큼의 단어만 추출
cvect = CountVectorizer(ngram_range=(1, 3), min_df=1, max_df=1.0, max_
features=10)
dtm = cvect.fit_transform(corpus)
vocab = cvect.get_feature_names_out()
df_dtm = pd.DataFrame(dtm.toarray(), columns=vocab)
df_dtm
```

실행 결과

	문의입니다	승강장	승강장 문의입니다	지하철	코로나	코로나 거리두기와	코로나 거리두기와 코로나	코로나 상생지원금	코로나 상생지원금 문의입니다	택시
0	1	0	0	0	2	1	1	1	1	0
1	1	0	0	2	0	0	0	0	0	0
2	1	1	1	1	0	0	0	0	0	0
3	1	1	1	0	0	0	0	0	0	1

max_features의 기본값은 None이다. 출력된 표는 max_features를 10으로 했을 때의 출력 결과다.

6 stop_words: 불용어 제거

문장에 자주 등장하지만 문장 안에서 큰 의미를 갖지 않는 단어를 불용어(stop words)라고 한다. 보통 '우리, 그, 은, 는, 그리고, 그래서'와 같은 대명사, 조사, 접속사 등을 불용어 리스트에 넣어서 stop_words로 처리하면 불용어를 제거할 수 있다.

이처럼 문장에서 빈번하게 등장하지만 사용하지 않을 단어를 제외하고 단어 가방을 만들어보자. 다음은 max_features를 사용한 코드에 stop_words를 사용한 코드다.

```
stop_words=["코로나", "문의입니다"]

# max_features: 개수만큼의 단어만 추출
cvect = CountVectorizer(ngram_range=(1, 3), min_df=1, max_df=1.0, max_
features=20, stop_words=stop_words)
dtm = cvect.fit_transform(corpus)
vocab = cvect.get_feature_names_out()
df_dtm = pd.DataFrame(dtm.toarray(), columns=vocab)
df_dtm
```

	거리두기와	거리두기와 상생지원금	상생지원금	승강장	요금	운행시간과	운행시간과 지하철	운행시간과 지하철 요금	지하철	지하철 승강장	지하철 요금	지하철 운행시간과	지하철 운행시간 간과 지하철	운행시 택시	택시	택시 승강장
0	1	1	1	0	0	0	0	0	0	0	0	0	0	0	0	0
1	0	0	0	0	1	1	1	1	2	0	1	1	1	1	0	0
2	0	0	0	1	0	0	0	0	1	1	0	0	0	0	0	0
3	0	0	0	1	0	0	0	0	0	0	0	0	0	0	1	1

샘플 문장에 단어가 많지 않아서 '코로나'와 '문의입니다', 두 단어를 불용어로 처리했다. 출력된 결과를 보면 두 단어가 제외됐다.

7 analyzer: 문자, 단어 단위 설정

analyzer의 기본값은 'word'다. 즉, 기본적으로는 단어 단위로 단어 가방 모형을 만들지만 char, char_wb를 사용하면 문자(character) 단위로 단어 가방 모형을 만들 수 있다. 단어 n-gram으로 만들지, 문자 n-gram으로 만들지 설정하는 것이다. 옵션 'char_wb'는 단어 경계 내부의 텍스트에서만 문자 n-gram을 생성한다. 단어 가장자리의 n-gram은 공백으로 채워진다. 이는 띄어쓰기가 제대로 되어 있지 않은 문자 등에 사용할 수 있다.

이 책에서는 analyzer='char'를 사용해서 문장을 문자 단위로 끊어 볼 것이다. 음식이 너무 크면 조금씩 잘라서 먹을 수밖에 없는 것처럼 자연어 처리에서도 문서를 통으로 분석할 수는 없으므로, 문자나 단어처럼 명시적으로 보이는 단위를 기준 삼아 중심으로 잘라서 빈도를 구하거나 분석에 사용한다.

```python
cvect = CountVectorizer(analyzer='char',
                        ngram_range=(1, 5), min_df=2,
                        max_df=1.0, max_features=30,
                        stop_words=stop_words)

dtm = cvect.fit_transform(corpus)
vocab = cvect.get_feature_names_out()
df_dtm = pd.DataFrame(dtm.toarray(), columns=vocab)
df_dtm
```

	문	문의	문의입	문의입니	.	니	니다	니다.	다	...	의입니다.	입	입니	입니다	입니다.	지	철	철	하	하철
0	4	1	1	1	1	1	1	1	1	...	1	1	1	1	1	1	0	0	0	0
1	4	1	1	1	1	1	1	1	1	...	1	1	1	1	1	2	2	2	2	2
2	2	1	1	1	1	1	1	1	1	...	1	1	1	1	1	1	1	1	1	1
3	2	1	1	1	1	1	1	1	1	...	1	1	1	1	1	0	0	0	0	0

위 코드를 어떻게 설정했는지 살펴보자.

- analyzer='char'를 사용해 문서를 잘라 주었다.

- ngram_range=(1, 5)를 사용해 문자가 1 이상 5 이하인 것만 오도록 했다.

- max_features=30으로 학습할 단어의 개수를 제한했다.

- 불용어는 따로 설정하지 않았다. 그래서 출력 결과를 보면 '니다'나 '합니다'와 같은 표현이 모든 문서에서 나타난다. 5장에서는 성능 개선을 위해 불용어 리스트를 사용할 예정이다.

빈도만 고려해 단어 가방 모형을 만들면 빈도수가 높은 단어일수록 중요한 단어라고 생각할 수 있다. 하지만 앞에서 살펴본 것처럼 빈도가 유난히 높은 단어가 불용어일 수도 있고, 전체 문서에는 자주 등장하지 않지만 특정 문서에는 유난히 자주 등장하는 단어가 중요한 단어일 수도 있다. 예를 들어 뉴스 기사를 분석할 때 '파이썬'이라는 단어는 전체 기사에는 자주 등장하지 않지만, 특정 기사에서는 자주 등장한다. 이럴 때 특정 문서에만 자주 등장하는 단어에 대해 가중치를 더 높게 주면 어떨까? 이를 알아보기 위해 한국어 위키피디아에서 '동물'과 '철학'을 검색한 결과의 단어 빈도를 세어 봤다. 의미 있는 단어로 두 번 이상 등장한 단어를 보면 문서 A에서는 '동물'과 '의미'이고, 문서 B에서는 '지식' 정도다.

표 4-3 | 위키백과[3]에 나타난 동물과 철학의 문서 빈도 산출

문서 A

일반적으로 '동물'이라고 하는 말은 특히 일상어의 수준에서는 인간동물을 포함하지 않는 '비인간동물(짐승)'의 의미로 많이 사용된다. 그러나 이것은 어디까지나 '동물'이라고 하는 단어의 좁은 의미의 뜻일 뿐이며, 인간도 생물학적으로 동물이다.

문서 B

철학(Philosophy)이라는 용어는 고대 그리스어의 필로소피아(지혜에 대한 사랑)에서 유래하였는데, 여기서 지혜는 일상 생활에서의 실용하는 지식이 아닌 인간 자신과 그것을 둘러싼 세계를 관조하는 지식을 뜻한다.

문서 A 단어	빈도	문서 B 단어	빈도
'동물', 'NNG'	5	'ㄴ', 'ETD'	3
'''', 'SS'	3	'하', 'XSV'	3
'''', 'SS'	3	'(', 'SS'	2
'는', 'ETD'	3	')', 'SS'	2
'이라고', 'JKQ'	2	'는', 'ETD'	2
'으로', 'JKB'	2	'는', 'JX'	2
'은', 'JX'	2	'에서', 'JKB'	2
'의', 'JKG'	2	'을', 'JKO'	2
'의미', 'NNG'	2	'지식', 'NNG'	2
...	...	...	...

---

3 https://ko.wikipedia.org

A와 B에 모두 많이 등장한 단어는 '문장 부호(SS)'와 '는(ETD)'이다. 문장 부호나 문법적 의미만 지니는 '는'이 문서 분류에서 주요 단어라고 생각하는 사람은 거의 없을 것이다. 이러한 직관과 가깝게 각 문서의 특성을 구분할 수 있는 단어는 높은 가중치를 주고, 그렇지 않은 단어는 낮은 가중치를 주는 데 TF-IDF를 유용하게 사용할 수 있다.

다음은 TF, DF, IDF, TF-IDF를 구분해 정리한 표다.

표 4-4 | TF, DF, IDF, TF-IDF

구분	의미	내용
TF	단어 빈도, Term Frequency	• 특정한 단어가 문서 안에 얼마나 자주 등장하는지를 나타내는 값 • 이 값이 높을수록 문서에서 중요하다고 생각할 수 있음
DF	문서 빈도, Document Frequency	• 특정 단어가 등장한 문서의 수 • 단어 자체가 문서군 안에서 자주 사용되고, 흔하게 등장한다는 의미
IDF	역문서 빈도, Inverse Document Frequency	• DF의 역수로 DF에 반비례하는 수
TF-IDF	TF와 IDF를 곱한 값	• 대부분의 문서에 자주 등장하는 단어는 낮은 중요도로 계산 • 특정 문서에만 자주 등장하는 단어는 높은 중요도로 계산

1 TF-IDF 가중치를 적용하는 방법

사이킷런의 TfidfVectorizer를 통해 TF-IDF 변환을 할 수 있다. CountVectorizer()와 TfidfTransformer()를 합친 기능이다. 그렇기 때문에 사용법은 CountVectorizer()와 대부분 동일하고 fit(), transform() 또는 fit_transform()으로 단어-문서 행렬을 변환할 수 있다.

다음은 TfidfVectorizer()의 주요 매개 변수다. CountVectorizer()에서 사용하는 공통 매개 변수 외에 TfidfVectorizer()에서 사용할 수 있는 매개 변수다.

TfidfVectorizer()에서 사용할 수 있는 주요 매개 변수

• norm='l2' 각 문서의 피처 벡터 정규화 방법

　· L2: 벡터의 각 원소의 제곱의 합이 1이 되도록 만드는 것이 기본값

　· L1: 벡터의 각 원소의 절댓값의 합이 1이 되도록 크기를 조절

- smooth_idf=False
  - · True일 때는 피처를 만들 때 0으로 나오는 항목에 대해 작은 값을 더해서 피처를 만들고 False일 때는 더하지 않음
- sublinear_tf=False
  - · True일 때는 로그 스케일링을 사용하고 False일 때는 단어 빈도를 그대로 사용
  - · 이상치가 데이터를 심하게 왜곡하는 경우 sublinear_tf=True로 두면 완화되는 효과를 얻을 수 있음
- use_idf=True
  - · TF-IDF를 사용해 피처를 만들 것인지 아니면 단어 빈도 자체를 사용할 것인지를 결정

4.1.2절에서 단어 가방 모형을 만든 것과 마찬가지로, TfidfVectorizer()의 기본값으로 CountVectorizer()와 동일하게 변환해 보자. 이때도 fit(), transform() 또는 fit_transform()을 사용할 수 있다.

```
# sklearn.feature_extraction.text에서
# TfidfVectorizer를 불러온다.
# fit, transform으로 변환한다.
from sklearn.feature_extraction.text import TfidfVectorizer
tfidfvect = TfidfVectorizer()
tfidfvect.fit(corpus)
dtm = tfidfvect.transform(corpus)
dtm
```

실행 결과

```
<4x9 sparse matrix of type '<class 'numpy.float64'>'
  with 14 stored elements in Compressed Sparse Row format>
```

fit(), transform() 또는 fit_transform()을 사용했을 때와 같은 크기의 희소 행렬이 반환된다.

```
# fit_transform()으로 변환할 수도 있다.
dtm = tfidfvect.fit_transform(corpus)
dtm
```

```
<4x9 sparse matrix of type '<class 'numpy.float64'>'
  with 14 stored elements in Compressed Sparse Row format>
```

희소 행렬을 출력해 보자. dtm.toarray()로 배열을 확인할 수 있다.

```
# 문서에 토큰이 더 많이 나타날수록 가중치는 더 커진다.
# 그러나 토큰이 문서에 많이 표시될수록 가중치가 감소한다.
dtm.toarray()
```

```
array([[0.39928771, 0.20836489, 0.39928771, 0.        , 0.        ,
        0.        , 0.        , 0.79857543, 0.        ],
       [0.        , 0.23921859, 0.        , 0.        , 0.45841237,
        0.45841237, 0.72283516, 0.        , 0.        ],
       [0.        , 0.42389674, 0.        , 0.64043405, 0.        ,
        0.        , 0.64043405, 0.        , 0.        ],
       [0.        , 0.37919167, 0.        , 0.5728925 , 0.        ,
        0.        , 0.        , 0.        , 0.72664149]])
```

그러나 어떤 단어에 대한 TF-IDF 값인지 확인하기 어렵다. 단어 가방을 만들었을 때처럼 판다스의 데이터 프레임 형태로 변환하면 단어 사전과 함께 행렬을 볼 수 있다. 판다스의 style.background_gradient()를 사용해 해당 단어마다 TF-IDF 값을 비교하면 단어 빈도만이 아닌 가중치가 적용됐음을 비교해 볼 수 있다.

```
# display_transform_dtm으로 변환 결과를 확인한다.
vocab = tfidfvect.get_feature_names_out()
df_dtm = pd.DataFrame(dtm.toarray(), columns=vocab)
print("단어 수 : ", len(vocab))
print(vocab)
display(df_dtm.style.background_gradient())
```

단어 수 :
['거리두기와' '문의입니다' '상생지원금' '승강장' '요금' '운행시간과' '지하철' '코로나'
'택시']

	거리두기와	문의입니다	상생지원금	승강장	요금	운행시간과	지하철	코로나	택시
0	0.399288	0.208365	0.399288	0.000000	0.000000	0.000000	0.000000	0.798575	0.000000
1	0.000000	0.239219	0.000000	0.000000	0.458412	0.458412	0.722835	0.000000	0.000000
2	0.000000	0.423897	0.000000	0.640434	0.000000	0.000000	0.640434	0.000000	0.000000
3	0.000000	0.379192	0.000000	0.572892	0.000000	0.000000	0.000000	0.000000	0.726641

앞에서 corpus에 넣은 네 문서를 떠올려 보자. 첫 번째 문서는 '코로나 거리두기와 코로나 상생지원금 문의입니다.'이다. 여기에서 '코로나'라는 단어는 다른 문서에는 등장하지 않고 첫 번째 문서에만 등장하기 때문에 가중치가 높게 나온다. 반면에 '문의입니다'는 모든 문서에 등장하기 때문에 가중치가 낮게 나온다.

위 결과를 TF-IDF 가중치를 적용하지 않고 빈도수로만 만든 행렬과 비교해 보자. 4.1.2절 단어 가방 모형에서 확인한 결과는 다음과 같다.

표 4-5 | 단어 가방 모형 결과

	거리두기와	문의입니다	상생지원금	승강장	요금	운행시간과	지하철	코로나	택시
0	1	1	1	0	0	0	0	2	0
1	0	1	0	0	1	1	2	0	0
2	0	1	0	1	0	0	1	0	0
3	0	1	0	1	0	0	0	0	1

이 결과에서는 '문의입니다'가 모두 1이라는 값을 갖지만, TF-IDF 가중치를 적용했을 때는 문서 가중치에 따라 다른 값을 갖는다. 그래서 단순히 빈도로 단어의 중요도를 표현하지 않고 문서 안에서 해당 단어의 중요도를 알 수 있다. '승강장'도 빈도로만 봤을 때는 차이가 없지만, TF-IDF 가중치를 적용했을 때는 다른 가중치를 갖는다. 다른 문서에는 등장하지 않는 '코로나', '택시'의 경우 등장하는 특정 문서 안에서 가장 큰 가중치를 갖는다.

이 장에서는 간단한 코퍼스를 통해 빈도수에 따른 단어 가방, TF-IDF 가중치가 적용된 단어 가방을 만들어 보면서 단어 가방이 만들어지는 원리를 이해했다. 간단한 데이터를 다뤄봤으니 이제 더 큰 데이터를 통해 단어를 수치 형태로 변환하는 방법을 알아보자. 다음 장부터는 실제 데이터를 가지고 실습해 보겠다.

5장

연합뉴스 타이틀 주제 분류

들어가며

KOREAN TEXT ANALYSIS FOR EVERYONE

뉴스 데이터는 처음 텍스트를 분류해 보는 초보자가 다루기 적당하다. 이 장에서는 연합뉴스 타이틀을 주제별로 분류해 보겠다. 즉, 제목을 놓고 그 범주를 맞추는 과제다. 단어 가방 모형을 사용해 텍스트를 학습시키고 분류한 결과가 정답과 일치하는지 확인해 볼 것이다. 이를 위해 크게 다음 내용을 알아보자.

- 간단한 텍스트 분류를 통해 머신러닝 알고리즘이 학습할 수 있도록 단어를 수치화하는 방법
- 머신러닝 모델을 통해 학습 및 예측하는 방법

책에서 제공하는 코드를 가져와서 사용하려면 명시적으로 구글 드라이브와 코랩을 연동해야 하고, 연동했더라도 시간이 지나서 연결이 끊어지면 처음부터 다시 실행해야 한다. 하지만 연동하는 것은 어렵지 않다. 실행도 클릭만 하면 처음부터 다시 실행할 수 있다. 1장의 설명을 참고해 5장의 코드를 열고 본격적으로 시작해 보자.

LESSON 01 데이터 선택하기

이 장에서 사용할 데이터는 DACON(데이콘, AI 경진대회 플랫폼)에서 KLUE(Korean Language Understanding Evaluation, 한국어 자연어 이해 벤치마크 데이터 세트) 데이터를 경진대회용으로 재분류한 데이터다. 이 KLUE−DACON 데이터를 선택한 이유는 뉴스의 타이틀(title)만 있기 때문이다. 용량이 작아 초보자가 입문용으로 사용하기에 적합하다.

데이콘의 해당 데이터 세트는 CC−BY−4.0 라이센스다. 이 책에서 제공하는 코랩으로 실습할 때는 제공되는 소스코드를 실행하는 것만으로 데이터를 불러올 수 있다(5.4절 참고). 로컬 컴퓨터에 내려받아 사용한다면 데이콘에서 직접 다운로드하는 것을 권장한다(아래 링크 참고).

또한, 마감된 경진대회지만 다른 팀의 결과와 비교해 보고 코드 예시도 살펴보면서 약식으로나마 경진대회를 경험해 보자.

> **TIP**
>
> 원본 KLUE 뉴스 주제 분류 데이터인 YNAT 데이터는 다음 링크에서 확인할 수 있다.
>
> • https://klue−benchmark.com/tasks/66/overview/description
>
> 재분류한 DACON 데이터는 이 책의 깃허브나 데이콘 뉴스 토픽 분류 AI 경진대회에서 다운로드할 수 있다.
>
> • https://github.com/pytextbook/pytextbook
> • https://dacon.io/competitions/official/235747/data

분류 과정

이 장에서는 머신러닝을 통해 뉴스 텍스트를 분류할 것이다. 데이터 로드, 전처리를 거쳐 머신러닝 모델로 학습, 예측, 평가하는 과정을 거친다. 이 과정은 그림 5-1과 같은 순서로 진행한다. 이는 머신러닝의 전형적인 흐름이기 때문에 이후 장도 비슷한 과정으로 진행될 것이다.

그림 5-1 | 뉴스 주제 분류 과정(& 머신러닝 작업 흐름)

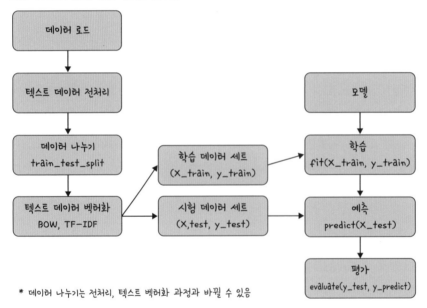

머신러닝 과정은 우리가 어떤 내용을 공부하고 시험을 보는 과정과 유사하다. 예를 들어 어떤 자격증을 따기 위해 시험을 본다면, 우리는 기출 문제를 공부하고 시험을 보러 갈 것이다. 기출 문제는 정답이 있지만, 시험 문제는 정답이 없다. 데이터 예측도 마찬가지다. 머신러닝은 학습 데이터 세트로 학습하고, 시험 데이터 세트로 예측한다. 학습 데이터에는 정답이 있지만 시험 데이터에는 정답이 없다.

분류를 위한 기본 설정

KOREAN TEXT ANALYSIS FOR EVERYONE

 라이브러리 불러오기

먼저 실습에 필요한 라이브러리를 불러온다. 판다스(데이터 불러오기, 전처리 등), 넘파이 (수치 계산), 시본(seaborn)과 맷플롯립(데이터 시각화)이 필요하다. 불러올 때는 공식 문서 에서 사용하는 별칭 그대로 불러오도록 한다.

```python
# 판다스, 넘파이, 시본, 맷플롯립을 임포트한다.
import pandas as pd
import numpy as np
import seaborn as sns
import matplotlib.pyplot as plt
```

한글 폰트 설정을 위해 koreanize-matplotlib을 설치한다. 폰트 설정은 다음 절에서 추가로 확인하니 여기서는 설치만 해 두자.

또한, 한국어 형태소 분석을 위한 konlpy와 오래 걸리는 작업의 진행 상태를 확인하기 위한 tqdm을 설치하고 업그레이드한다.

```
!pip install koreanize-matplotlib
!pip install konlpy --upgrade
!pip install tqdm --upgrade
```

2 시각화를 위한 폰트 설정

한글 폰트를 설정해 보자. 맷플롯립은 한글 폰트를 지원하지 않으므로 시각화할 때 한글을 사용하려면 한글 폰트를 설정해야 한다.

우선 앞에서 설치한 koreanize-matplotlib을 임포트한다. 그리고 한글과 음수 부호 등이 깨지지 않는지 확인하기 위해 간단한 시각화 코드를 작성하고, 라인플롯을 그려 출력을 확인해 보자.

```python
import koreanize_matplotlib

# 그래프에 retina display 적용
%config InlineBackend.figure_format = 'retina'

pd.Series([1, 3, 5, -7, 9]).plot(title="한글")
```

실행 결과

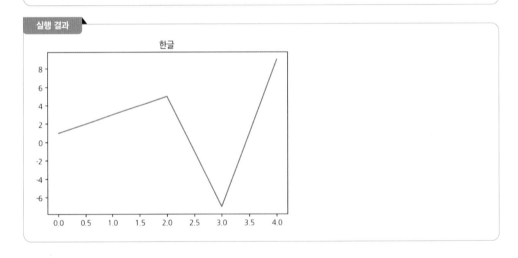

LESSON 04 데이터 불러오기

KOREAN TEXT ANALYSIS FOR EVERYONE

이제 데이콘에서 데이터 파일을 불러와 코랩에서 실습해 보자. 다음 코드는 아래와 같은 순서로 작업을 진행한다.

1 │ 해당 경로에 파일이 있는지 확인하고,

2 │ 파일이 없다면 폴더를 생성한다.

3 │ 생성한 폴더에 데이터를 다운로드한 뒤,

4 │ open.zip 파일의 압축을 푼다.

```python
import os, platform

base_path = "data/klue/"
file_name = "dacon-klue-open-zip"

def file_exist_check(base_path):
    if os.path.exists(f"{base_path}train_data.csv"):
        print(f"{os.getcwd()}/{base_path} 경로에 파일이 있음")
        return

    if not os.path.exists(base_path):
        os.makedirs(base_path)

    if platform.system() == "Linux":
        print(f"파일을 다운로드하고 {base_path} 경로에 압축을 해제함")
        !wget https://bit.ly/{file_name}
        !unzip {file_name} -d {base_path}
        return
    else:
```

```
        print(f"""https://dacon.io/competitions/official/235747/data 에서 다운
로드해 실습 경로 {os.getcwd()}/{base_path}에 옮겨 주세요.""")
        return

file_exist_check(base_path)
```

파일을 다운로드하고 data/klue/ 경로에 압축을 해제함
https://bit.ly/dacon-klue-open-zip

'파일을 다운로드하고 data/klue/ 경로에 압축을 해제함'이라고 출력됐다면 코랩 왼쪽에 있는
폴더 이미지를 클릭해 보자. csv 확장자로 된 sample_submission, test_data, topic_dict, train_
data 데이터가 있을 것이다.

그림 5-2 | 압축 해제한 데이터 목록

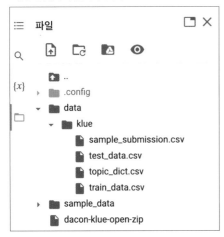

데이터의 압축을 풀었으니 이제 데이터를 읽을 차례다. 지도학습은 정답이 있는 데이터를
학습해 정답이 없는 데이터를 예측한다. 따라서 학습(train)할 데이터와 이를 바탕으로 예측
(test)할 데이터 세트[1]를 따로 읽어 오자.

---

1 학습 데이터와 시험 데이터를 분리하는 작업은 6장에서 국민청원 데이터를 직접 분리하면서 좀 더 자세히 설명한다. 이 장
   에서는 이미 잘 분리되어 있는 데이터로, 학습한 모델이 시험 데이터를 잘 예측하는지만 확인할 것이다.

파일을 읽는 방법은 여러 가지가 있지만 이 장에서는 손쉽게 데이터 프레임 형태로 데이터를 불러올 수 있는 판다스를 사용하겠다.

```
# 학습 / 시험 데이터 세트를 읽어서 train과 test 변수에 입력한다.
train = pd.read_csv(os.path.join(base_path, "train_data.csv"))
test = pd.read_csv(os.path.join(base_path, "test_data.csv"))
train.shape, test.shape
```

실행 결과

```
((45654, 3), (9131, 2))
```

train.shape, test.shape로 확인해 보면 학습 세트(train)에는 45,654개의 데이터가 들어 있고, 시험 세트(test)에는 9,131개의 데이터가 들어 있다. 열은 3과 2로 출력되는데, 이 차이는 다음과 같이 학습 데이터와 시험 데이터에 모두 들어 있는 열(인덱스, 뉴스 타이틀(title))이 있고, 정답값에 해당하는 topic_idx 값은 시험 데이터 세트에 들어 있지 않기 때문이다.

- 학습 데이터: 인덱스, 뉴스 타이틀, topic_idx
- 시험 데이터: 인덱스, 뉴스 타이틀,

판다스의 read_csv( )로 'topic'을 확인해 보자. 뉴스 타이틀이 정치, 경제 등의 범주 중 어디에 속하는지를 토픽 분류 문제로 다룰 예정이다.

```
# 토픽을 불러온다.
topic = pd.read_csv(os.path.join(base_path, "topic_dict.csv"))
topic
```

실행 결과

	topic	topic_idx
0	IT과학	0
1	경제	1
2	사회	2
3	생활문화	3
4	세계	4
5	스포츠	5
6	정치	6

topic_idx를 보면 총 7개의 뉴스 기사 범주로 구성되어 있다. 이제부터 뉴스 타이틀을 통해 이 범주값을 학습하고 예측하는 모델을 만들 것이다.

```
topic["topic"].values
```

실행 결과

```
array(['IT과학', '경제', '사회', '생활문화', '세계', '스포츠', '정치'],
dtype=object)
```

head()로 데이터 전체의 구조를 살펴보자. head()의 괄호 안에 명시적으로 보려는 행의 개수를 넣지 않았으므로, 순서대로 처음부터 5개의 값을 확인할 수 있다.

```
train.head()
```

실행 결과

	index	title	topic_idx
0	0	인천→핀란드 항공기 결항…휴가철 여행객 분통	4
1	1	실리콘밸리 넘어서겠다…구글 15조원 들여 美전역 거점화	4
2	2	이란 외무 긴장완화 해결책은 미국이 경제전쟁 멈추는 것	4
3	3	NYT 클린턴 측근韓기업 특수관계 조명…공과 사 맞물려종합	4
4	4	시진핑 트럼프에 중미 무역협상 조속 타결 희망	4

시험 데이터도 학습 데이터와 마찬가지로 확인한다.

```
test.head()
```

실행 결과

	index	title
0	45654	유튜브 내달 2일까지 크리에이터 지원 공간 운영
1	45655	어버이날 맑다가 흐려져…남부지방 옅은 황사
2	45656	내년부터 국가RD 평가 때 논문건수는 반영 않는다
3	45657	김명자 신임 과총 회장 원로와 젊은 과학자 지혜 모을 것
4	45658	회색인간 작가 김동식 양심고백 등 새 소설집 2권 출간

데이터 전처리하기

KOREAN TEXT ANALYSIS FOR EVERYONE

이제 데이터 분석과 전처리 과정을 살펴보자. 먼저 문자 길이, 단어의 등장 빈도 등을 확인하고 시각화해 봄으로써 전체적인 데이터의 특성을 파악한다. 다음으로 불필요한 기호 등을 제거한 후 중요한 정보를 담고 있는 내용을 추출해 볼 것이다.

 ## 데이터 전처리를 위한 데이터 병합

데이터 전처리는 학습 데이터 세트와 시험 데이터 세트에 모두 적용해 주어야 전처리한 내용대로 학습하고 예측할 수 있다. 학습 데이터 세트와 시험 데이터 세트를 각각 전처리할 수도 있지만, 실수를 줄이기 위해 두 데이터를 병합해서 전처리한 뒤 다시 나누는 방법을 사용하겠다.

우선 두 데이터를 병합한다. pandas의 concat( )으로 학습 데이터와 시험 데이터를 하나의 데이터 프레임으로 만들어 주자. concat( )을 사용하면 기본값이 axis=0으로 이때 행의 이름이 같은 데이터를 병합할 수 있다.

```python
# 전처리를 위해 데이터 병합
raw = pd.concat([train, test])
raw.shape
```

실행 결과

```
(54785, 3)
```

데이터를 병합한 뒤에는 잘 병합됐는지 head( )와 tail( )로 확인한다. 결과를 보면 전처리 후 학습 데이터의 topic_idx에만 정답이 있고, 시험 데이터의 topic_idx에는 NaN(Not a

Number)으로 표시된다. 나중에 이를 이용해 topic이 있으면 학습 데이터, 없으면 시험 데이터로 다시 나눠 줄 것이다.

```
raw.head()
```

실행 결과

	index	title	topic_idx
0	0	인천→핀란드 항공기 결항…휴가철 여행객 분통	4.0
1	1	실리콘밸리 넘어서겠다…구글 15조원 들여 美전역 거점화	4.0
2	2	이란 외무 긴장완화 해결책은 미국이 경제전쟁 멈추는 것	4.0
3	3	NYT 클린턴 측근韓기업 특수관계 조명…공과 사 맞물려종합	4.0
4	4	시진핑 트럼프에 중미 무역협상 조속 타결 희망	4.0

```
raw.tail()
```

실행 결과

	index	title	topic_idx
9126	54780	인천 오후 3시35분 대설주의보…눈 3.1cm 쌓여	NaN
9127	54781	노래방에서 지인 성추행 외교부 사무관 불구속 입건종합	NaN
9128	54782	40년 전 부마항쟁 부산 시위 사진 2점 최초 공개	NaN
9129	54783	게시판 아리랑TV 아프리카개발은행 총회 개회식 생중계	NaN
9130	54784	유영민 과기장관 강소특구는 지역 혁신의 중심…지원책 강구	NaN

다음으로 merge를 통해 토픽의 원래 명칭을 찾아 준다. 학습 데이터와 시험 데이터를 병합한 데이터에 topic 데이터 프레임을 merge로 병합한다. merge는 두 데이터 프레임의 공통의 행을 키값으로 연결해 준다. 여기서는 두 데이터 프레임에 모두 topic_idx라는 행이 있으므로 해당 행을 기준으로 데이터를 병합한다. 이때 how 파라미터를 "left"로 설정하면 raw 데이터를 왼쪽부터 병합한다.

```
df = raw.merge(topic, how="left")
df.shape
```

실행 결과

```
(54785, 4)
```

병합한 다음에는 shape로 잘 병합됐는지 확인했다. shape는 numpy 행렬의 행의 수와 열의 수를 반환하는데 54,785행, 4열로 잘 병합됐음을 확인할 수 있다. head( )로 데이터 구조를 확인해 보면 topic 데이터 프레임이 추가된 것을 볼 수 있다.

```
df.head()
```

실행 결과

	index	title	topic_idx	topic
0	0	인천→핀란드 항공기 결항…휴가철 여행객 분통	4.0	세계
1	1	실리콘밸리 넘어서겠다…구글 15조원 들여 美전역 거점화	4.0	세계
2	2	이란 외무 긴장완화 해결책은 미국이 경제전쟁 멈추는 것	4.0	세계
3	3	NYT 클린턴 측근韓기업 특수관계 조명…공과 사 맞물려종합	4.0	세계
4	4	시진핑 트럼프에 중미 무역협상 조속 타결 희망	4.0	세계

 2 정답값 빈도수 확인

이번에는 학습 데이터 세트에서 제공하는 정답값의 빈도수를 구해서 예측해야 하는 값의 빈도수가 비슷한지 아니면 차이가 있는지를 확인해 보자. 시험 데이터(test)는 topic이 결측치 (missing value, 데이터에 값이 없는 것을 말하며 6.3.3절에서 자세히 설명한다)이므로 빈도수에 포함되지 않는다.

```
# test는 topic이 결측치이므로 빈도수에 포함되지 않는다.
df["topic_idx"].value_counts()
```

실행 결과

4.0	7629
2.0	7362
5.0	6933
6.0	6751
1.0	6222
3.0	5933
0.0	4824

빈도를 더 직관적으로 이해하기 위해 시각화해 보자. 시본의 countplot( )은 빈도수를 구해서 막대그래프로 그려 준다. topic별로 빈도수를 구하면 다음과 같다.

```
sns.countplot(data=df, y="topic")
```

실행 결과

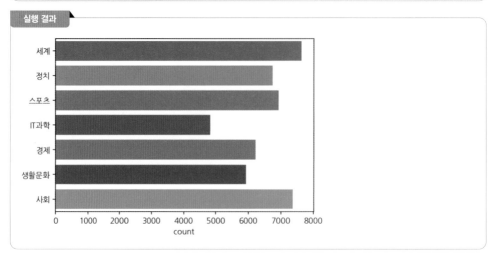

결과를 보면 뉴스 기사의 토픽별로 세계에 해당하는 문서가 가장 많고, IT과학에 해당하는 문서가 가장 적다. 이처럼 데이터 불균형이 있을 때는 어떻게 할까? 무작위 추출을 통해 데이터가 가장 적은 'IT과학'의 개수에 맞춰 다른 토픽의 데이터를 삭제할 수도 있고(Under-sampling), 아니면 'IT과학'의 개수를 늘려서 가장 개수가 많은 '세계'에 맞출 수도 있다(Over-sampling). 이외에 이상치 탐지를 통해 경계가 모호한 데이터를 미리 삭제할 수도 있다. 다만, 이렇게 데이터를 삭제하는 경우 중요 정보를 잃을 수도 있으므로 각 방법의 장단점을 고려해 가장 적합한 방법을 선택해야 한다. 지금은 데이터 불균형을 처리해서 얻는 득보다 실이 더 클 수 있으므로 달리 방법을 선택하지 않고 특성만 파악했다.

3 문자 길이 확인

길이가 긴 텍스트는 의미를 학습하기에 충분하고, 길이가 짧으면 불충분할 것이다. 그래서 전처리할 때 문자 길이도 확인하는 습관을 가지면 좋다. 때로는 학습이 끝난 후 성능 향상을 위한 계획을 세울 때 단어 빈도 또는 문자 길이 등을 유용하게 사용하기도 한다.

그럼, 학습과 예측에 사용할 글자의 빈도와 단어의 빈도수를 확인해 보자. 먼저, 다음과 같이 문자, 단어 빈도수의 파생 변수를 만든다.

❶ 음절 길이(len)와 단어 빈도(word_count) 등의 빈도수를 다음과 같이 데이터 프레임에 넣는다.

데이러 프레임[열].apply(lambda 입력 변수 : 리턴 값)

❷ len( )으로 낱글자의 길이를 센다.

❸ split( )을 사용해 공백을 기준으로 한 어절(토큰)의 길이를 센다.

❹ 중복 없이 등장하는 어절의 길이는 집합형인 set를 사용한다. set는 중복을 허용하지 않기 때문에 split( )한 어절의 set를 len( )으로 세면 중복을 제외한 유일 어절의 길이를 알 수 있다.

```
df["len"] = df["title"].apply(lambda x : len(x))                         —❶,❷
df["word_count"] = df["title"].apply(lambda x : len(x.split()))         —❸
df["unique_word_count"] = df["title"].apply(lambda x : len(set(x.split())))
                                                                        —❹
```

파생 변수가 잘 만들어졌는지는 head( )로 확인한다.

```
df.head()
```

실행 결과

	index	title	topic_idx	topic	len	word_count	unique_word_count
0	0	인천→핀란드 항공기 결항…휴가철 여행객 분통	4.0	세계	24	5	5
1	1	실리콘밸리 넘어서겠다…구글 15조원 들여 美전역 거점화	4.0	세계	30	6	6
2	2	이란 외무 긴장완화 해결책은 미국이 경제전쟁 멈추는 것	4.0	세계	30	8	8
3	3	NYT 클린턴 측근韓기업 특수관계 조명…공과 사 맞물려종합	4.0	세계	32	7	7
4	4	시진핑 트럼프에 중미 무역협상 조속 타결 희망	4.0	세계	25	7	7

4 맷플롯립과 시본을 이용해 히스토그램으로 시각화

앞에서 결과로 나온 표의 데이터 분포를 한눈에 알 수 있도록 맷플롯립과 시본을 이용해 히스토그램으로 시각화해 보자.

❶ 맷플롯립으로 1행 3열의 그래프를 그린다.

❷ 각 열에서는 sns.histplot( )으로 낱글자, 어절(토큰), 중복을 제외한 유일 어절의 길이를 시각화한다. 이미 앞에서 맷플롯립은 plt로, 시본은 별칭인 sns로 임포트했기 때문에 여기서는 이를 사용해 관측한 개수를 세어 표시할 것이다.

❸ axes는 축에 해당한다. axes에 0, 1, 2를 넣어 그릴 순서를 정해 준다.

```
fig, axes = plt.subplots(1, 3, figsize=(15, 2))          ─❶
sns.histplot(df["len"], ax=axes[0])                       ─❷,❸
sns.histplot(df["word_count"], ax=axes[1])
sns.histplot(df["unique_word_count"], ax=axes[2])
```

실행 결과

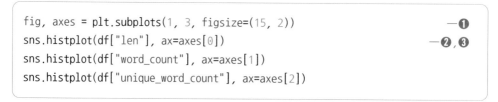

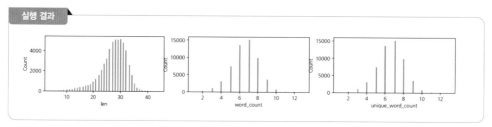

연합뉴스 기사에서 제목만 추출했기 때문에 글자수 20~30개 사이에 빈도수가 몰려 있다. 단어 수도 6~8개 내외로 구성되어 있다.

이제 describe( )를 사용해 기술 통계량을 알아보자. 낱글자의 길이(len)와 단어 빈도(word_count), 유일 어절(unique_word_count, 중복을 제외한 단어의 빈도)을 빈도(count), 평균(mean), 표준편차(standard deviation) 외에도 최솟값(min), 최댓값(max), 그리고 사분위수에 해당하는 25%, 50%, 75% 범위를 표시해서 데이터 분포를 나타낼 수 있다.

```
df[["len", "word_count", "unique_word_count"]].describe()
```

	len	word_count	unique_word_count
count	54785.000000	54785.000000	54785.000000
mean	27.318846	6.587880	6.576198
std	4.947738	1.471852	1.465320
min	4.000000	1.000000	1.000000
25%	25.000000	6.000000	6.000000
50%	28.000000	7.000000	7.000000
75%	31.000000	8.000000	8.000000
max	44.000000	13.000000	13.000000

5 주제별 글자와 단어의 빈도 확인

이번에는 토픽별로 단어의 등장 빈도를 시각화해 보자.

- sns.displot: 시본을 통해 그릴 수 있는 플롯 중 displot을 선택한다.
- 데이터 프레임 df에서 단어 수에 해당하는 "len" 열을 x축으로, "topic"별 빈도를 Y축으로 한다.
- aspect 매개 변수를 통해 그래프의 가로/세로 비율을 조절한다.
- height 매개 변수를 통해 그래프의 높이를 조절한다.

```
sns.displot(data=df, x="len",
            hue="topic", col="topic", col_wrap=2, aspect=5, height=2)
```

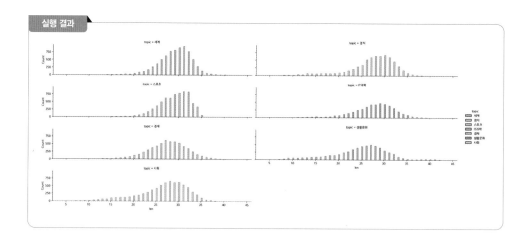

토픽별로 단어 수의 분포를 보면 (큰 차이는 없지만) IT과학, 생활문화는 y축 값이 다른 주제에 비해 빈도가 적다. 이를 정답값의 빈도수와 비교해 볼 필요가 있다.

```
sns.displot(data=df, x="word_count",
            hue="topic", col="topic", col_wrap=2, aspect=5, height=2)
```

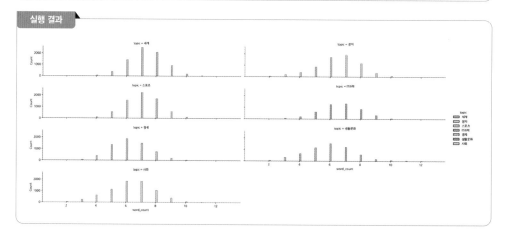

이전에 countplot( )으로 시각화했던 정답값을 보면 해당 주제(IT과학, 생활문화)의 데이터가 다른 주제에 비해 빈도수가 적다. 유일 어절(unique_word_count)의 빈도값도 시각화해보자.

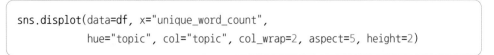

```
sns.displot(data=df, x="unique_word_count",
            hue="topic", col="topic", col_wrap=2, aspect=5, height=2)
```

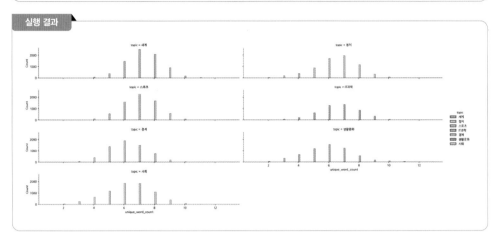

유일 어절의 시각화 작업은 중복을 제외한 데이터의 개수와 빈도를 한눈에 봄으로써 데이터에 대한 직관을 얻고 최종 결과도 짐작해 볼 수 있는 장점이 있다.

문자 전처리하기

단어 가방 모형은 단어를 띄어쓰기 같은 기준으로 나누어 벡터화하므로, 대소문자나 숫자 등에 따라 중복된 단어 사전이 생성되기도 한다. 단어 사전이 너무 많아지면 학습 속도가 오래 걸리거나 과적합이 발생할 수 있다. 간단히 말해 과적합은 불필요하지만 자주 나오는 단어를 모델이 중요하게 여기고 학습하는 것이다. 이런 경우 특정 단어를 중심으로 학습이 끝나면, 시험 데이터에 새로운 단어가 있을 때 예측력이 떨어지는 주요한 요인이 된다. 따라서 전처리 단계에서 불필요한 단어를 제거해 모델의 성능이 올려 줘야 한다.

전처리 방법으로는 불필요한 문자를 제거하거나, 형태소 분석기를 사용해 불필요한 조사를 제거하거나, 형태소를 표기해서 같은 단어지만 다른 의미를 갖는 단어를 구분해 줄 수도 있다.

1 숫자 제거

숫자는 학습과 예측에 중요한 역할을 하기 때문에 충분히 이해한 뒤 사용 여부를 결정해야 한다. 이번 예제에서는 숫자에 큰 의미가 없으므로 제외하겠다.

```python
import re
# 익명함수인 lambda를 사용해 전처리할 수도 있지만
# Series.str.replace로 쓸 수도 있다.
# df["title"] = df["title"].map(lambda x : re.sub("[0-9]", "", x))
df["title"] = df["title"].str.replace("[0-9]", "", regex=True)
```

② 영문자는 모두 소문자로 변경

파이썬은 같은 단어라도 대문자냐 소문자냐에 따라 다른 단어로 분류한다. 현재 데이터는 영어의 대소문자를 다른 단어로 인식할 필요가 없으므로 한쪽으로 통일해 준다. 여기서는 모두 소문자로 변경한다.

```
df["title"] = df["title"].str.lower()
```

③ 형태소 분석기로 조사, 어미, 구두점 제거

만약 특정 단어를 제외하거나 선택하고 싶다면 다음 방법들이 있다.

- 불용어 목록을 지정하는 방법
- KoNLPy에서 품사를 지정해 추출하는 방법
- Noun extractor를 이용하는 방법

여기서는 KoNLPy의 형태소 분석기(Okt, Open Korean Text)를 사용해 품사를 태깅하고 조사, 어미, 구두점을 제거해 보자.

KoNLPy를 사용하기 전에 KoNLPy에 대해 간략하게 알아보겠다. KoNLPy는 Kkma, Komoran, Hannanum, Okt(Twitter 형태소 분석기의 이름이 Okt로 변경됨), Mecab 형태소 분석기를 파이썬에서 사용할 수 있게 해 준다.

그림 5-3 | KoNLPy 웹 페이지[2]

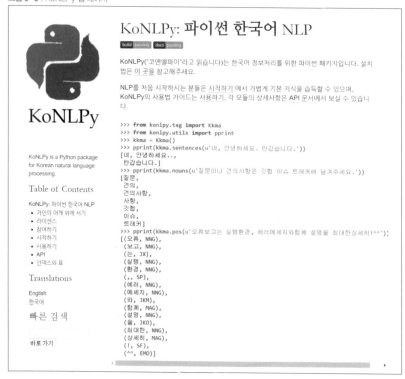

파이썬에는 '접착제 언어'라는 별명이 있다. 그만큼 다른 언어와 호환성이 좋다는 의미다. KoNLPy는 C++, JAVA 등으로 구현된 형태소 분석기를 파이썬으로 사용할 수 있게 접착제 역할을 한다. 그리고 코랩에서는 C++, JAVA 환경을 따로 구축하지 않아도 간단히 KoNLPy를 설치할 수 있다. 만약 코랩이 아닌 로컬 컴퓨터에 직접 설치하고 싶다면 공식 문서[3]를 참고하기 바란다.

이제 KoNLPy를 사용해 품사를 태깅해 볼 텐데 비교적 시간이 오래 걸리는 작업이다. 이럴 때 앞에서 설치했던 tqdm을 사용하면 작업 진행 상태를 확인할 수 있다. 또한, 속도 비교도 할 수 있다. 그림 5-4는 품사 태깅에 사용하는 형태소 분석기를 비교한 것으로, 10만 문자의 문서에 대해 각 클래스의 pos 메서드를 실행하는 데 소요되는 시간이다. Mecab과 Okt 순으로 속도가 빠르다.

2　https://konlpy.org/ko/latest

3　KoNLPy 설치 관련 공식 문서 : https://konlpy.org/ko/latest/install

그림 5-4 | KoNLPy 품사 태깅 클래스 간 비교 그래프[4]

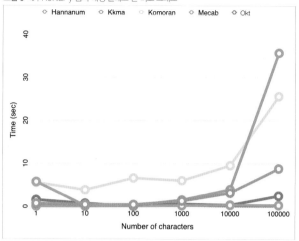

이제 뉴스 데이터의 텍스트 전처리와 시각화를 위해 KoNLPy가 있는 여러 형태소 분석기를 사용해 보자. 우리는 Okt를 사용할 것이다.

먼저 Okt를 불러와 간단한 문장에 품사 태깅을 실행해 보면서, 품사 태깅에 대해 알아보자. 다음 코드와 실행 결과를 보면, okt.pos()가 각 품사를 태깅한 모습을 볼 수 있다. 이때 '품사를 태깅한다'의 의미는 텍스트가 주어졌을 때 이를 형태소 단위로 나누고, 나눠진 형태소를 해당하는 품사와 함께 리스트로 만드는 것이다.

```
from konlpy.tag import Okt

small_text = "아버지가 방에 들어가신다."
%time Okt().pos(small_text)
```

실행 결과

```
[('아버지', 'Noun'),
 ('가', 'Josa'),
 ('방', 'Noun'),
 ('에', 'Josa'),
 ('들어가신다', 'Verb'),
 ('.', 'Punctuation')]
```

---

4 https://konlpy.org/ko/latest/morph/#pos-tagging-with-konlpy

이제 뉴스 데이터로 돌아가, 다음 코드를 사용해 조사, 어미, 구두점을 제거하겠다.

okt_clean() 함수로 텍스트를 받아 품사를 태깅한 뒤 반복문(if)으로 조사, 어미, 구두점이 있는지를 확인하고 그 외 토큰을 리스트에 넣어 준다. 반복문이 종료되면 리스트 형태의 토큰을 문자열 함수인 join을 사용해 공백 문자로 연결해 준다.

형태소 분석기로 조사, 어미, 구두점을 제거해 주면 같은 단어이지만 다른 단어로 토큰화하는 것을 방지해 희소 행렬을 줄일 수 있다. stem=True를 통한 어간 추출도 형태소 전처리와 마찬가지로 희소 행렬을 줄여 준다. 전처리 함수를 구현해 모든 텍스트에 일괄 적용해 줄 수 있다.

okt.pos(text, stem=True)로 품사를 태깅한 뒤 태깅한 품사 중 조사, 어미, 구두점을 제거하고 다시 문장을 합쳐 준다. 이때 stem=True는 어간 추출 기능을 한다. 어간이란 활용어에서 변하지 않는 부분을 말한다(사전적 의미). 따라서 어간 추출은 어형이 변형된 단어에서 접사 등을 제거하고 그 단어의 어간을 분리하는 것이다. 예를 들어 '합니다', '하는', '할', '하고', '한다'를 어간 추출하면 원형인 '하-'가 된다(기본형: 하다). 이렇게 어간을 분리하면 같은 의미지만 변형해서 사용된 단어를 같은 단어로 인식하기 때문에 희소 행렬을 조금 줄일 수 있다.

```python
# 형태소 분석기에서 Okt 불러오기
from konlpy.tag import Okt
okt = Okt()

# 조사, 어미, 구두점 제거, 어간 추출
def okt_clean(text):
    clean_text = []
    for word in okt.pos(text, stem=True):
        if word[1] not in ['Josa', 'Eomi', 'Punctuation']:
            clean_text.append(word[0])

    return " ".join(clean_text)

from tqdm import tqdm
tqdm.pandas()

train['title'] = train['title'].progress_map(okt_clean)
test['title'] = test['title'].progress_map(okt_clean)
```

전처리 함수를 적용할 때는 함수 내부에서 품사 태깅과 어간 추출 결과를 반복문을 사용해 전처리하기 때문에 작업이 오래 걸린다. 이때 tqdm을 사용하면 작업의 진행 정도를 시각적으로 확인할 수 있다.

 4 불용어 제거

의미 없는 단어, 즉 불용어가 너무 많이 등장하면 문서의 특성이 잘 드러나지 않는다. 이처럼 의미 없는 단어, 욕설 등 제거하려는 용어를 불용어 목록에 미리 지정해 두고 삭제할 수 있다.

주의할 점은 조사를 지우기 위해 '이'나 '은'을 불용어 목록으로 지정하면 조사만 삭제되는 것이 아니라 온전한 의미를 지니는 명사까지 삭제될 수 있다는 점이다. 예를 들어 이빨의 '이'나 금은의 '은'도 삭제된다. 이럴 때는 위에서 사용했던 형태소 분석기를 통해 품사를 지정해 추출하거나 Noun extractor를 사용해 명사만 추출할 수 있다.

여기서는 불용어 목록을 만들어서 불필요한 단어를 제거하는 방법을 다음 네 단계를 거쳐 사용해 보겠다.

❶ split으로 문자열을 분리해 토큰 형태로 생성한다.
❷ 불용어 목록을 리스트로 만든다.
❸ 문서의 토큰이 불용어에 해당되지 않는 것을 리스트로 반환한다.
❹ 불용어를 제거했다면 다시 문장 하나로 합쳐 준다.

```
def remove_stopwords(text):
    tokens = text.split(' ')                                          ─❶
    stops = ['합니다', '하는', '할', '하고', '한다', '그리고', '입니다', '그 ', '
등', '이런', ' 것 ', ' 및 ',' 제 ', ' 더 ']                                  ─❷
    meaningful_words = [w for w in tokens if not w in stops]          ─❸
    return ' '.join(meaningful_words)                                 ─❹
```

불용어 선정이 모두 끝나면 map() 메서드로 위에서 만든 함수를 일괄 적용해 준다.

```
df["title"] = df["title"].map(remove_stopwords)
```

map() 메서드는 각 원소에 함수를 적용해, 새로운 Series 객체를 반환한다. 여기서
는 remove_stopwords로 지정된 단어를 "title" 열의 각 원소에 적용해, 결과를 반환한 후
df["title"]에 대입했다.

학습, 시험 데이터 세트 분리하기

KOREAN TEXT ANALYSIS FOR EVERYONE

이것으로 전처리가 끝났다. 이제 학습 데이터 세트와 시험 데이터 세트로 다시 분리해 보자. 앞서 말했던 대로 정답값인 topic_idx 값 여부에 따라 데이터를 나눌 수 있다.

```
label_name = "topic_idx"
```

데이터를 나눌 때는 판다스의 notnull()과 isnull() 기능을 사용한다. 데이터를 concat 으로 병합한 후 확인할 때 test(시험 데이터 세트)의 topic_idx는 NaN이었다. 따라서 notnull()과 isnull()을 사용해 topic이 있으면 학습 데이터 세트, 없으면 시험 데이터 세트로 재분할한다.

```
train = df[df[label_name].notnull()]
test = df[df[label_name].isnull()]
train.shape, test.shape
```

실행 결과

```
((45654, 7), (9131, 7))
```

분할한 뒤 shape 함수로 데이터 전체의 개수를 확인해 보자. 원래대로 잘 분할됐다.

```
X_train = train["title"]
X_test = test["title"]

X_train.shape, X_test.shape
```

실행 결과

```
((45654,), (9131,))
```

토픽별 개수 역시 기존 원본 데이터의 수와 똑같이 분리됐는지 확인한다.

```
# 학습 데이터 세트 확인
y_train = train[label_name]
y_train.value_counts()
```

```
4.0    7629
2.0    7362
5.0    6933
6.0    6751
1.0    6222
3.0    5933
0.0    4824
```

```
# 시험 데이터 세트 확인
y_test = test[label_name]
y_test.value_counts()
```

```
Series([], Name: topic_idx, dtype: int64)
```

Series 객체는 인덱스(index)와 값(value)으로 표현되는데 출력 결과를 보면 현재 데이터의 Series 객체 이름(Name)은 topic_idx, 데이터 타입(dtype)은 int64로 지정되어 있다. 또한, Series 객체의 값에서 빈 리스트([ ])로 표시된 데이터가 없으므로 병합 전 데이터와 같은 상태로 잘 복원됐음을 확인할 수 있다.

단어 벡터화하기

KOREAN TEXT ANALYSIS FOR EVERYONE

이제 머신러닝에서 텍스트를 처리하는 방법에 대해 알아보자. 머신러닝이나 딥러닝 알고리즘은 문자를 이해할 수 없다. 따라서 인코딩 과정은 단어를 숫자로 바꿔 계산하는 과정이라고 볼 수 있다. 문자를 숫자로 변경해 주는 과정은 크게 다음과 같다.

그림 5-5 │ 입력 문장의 인코딩 과정

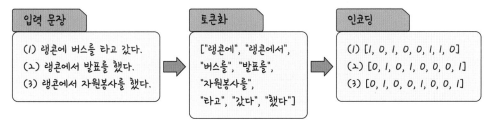

■ **입력 문장**

랭콘은 자연어 처리 콘퍼런스로, 여기서는 명사(고유명사)의 예시로 사용했다. 그림 5-5에 사용한 문장은 잘 정돈되어 있지만 자연어 문장은 대체로 그렇지 않다. '안녕' 같이 매우 짧은 문장부터 몇 줄씩 이어지는 긴 문장이 한꺼번에 나오기도 한다.

■ **토큰화**

요리에서 재료를 정리하고 적합한 크기로 잘라 주는 과정이 필요한 것처럼, 자연어 처리에서도 이와 같은 작업이 필요하다. 이를 토큰화(tokenization) 작업이라 부른다. 처음 들을 때는 익숙하지 않은 개념이지만 몇 번 반복하다 보면 '토큰화하지 않으면 내 데이터에 랭콘이라는 단어가 몇 번 나오는지 알 수 없겠지?'라고 자연스레 생각하게 된다.

■ 인코딩

토큰화 작업으로 잘 정돈한 언어 재료는 벡터를 표현할 수 있는 인코딩 과정을 거친다. 단어 벡터를 만드는 작업을 위해 사이킷런을 사용해 보자. 사이킷런에서 단어 가방 벡터를 만드는 방법은 4장에서 알아본 바와 같이 CountVectorizer(), TfidfVectorizer(), HashingVectorizer(), DictVectorizer()가 있다.

> **TIP**
>
> **사이킷런에서 단어 가방 벡터를 만드는 방법[5]**
> • feature_extraction.text.CountVectorizer(*[, …]) : 텍스트를 단어 단위의 토큰 카운트 행렬로 변환
> • feature_extraction.text.HashingVectorizer(*) : 텍스트를 단어 토큰에 따른 행렬로 변환
> • feature_extraction.text.TfidfTransformer(*) : 카운트 행렬을 정규화된 tf 또는 tf-idf 표현으로 변환
> • feature_extraction.text.TfidfVectorizer(*[, …]) : 원시 텍스트를 tf-idf 자질의 행렬로 변환

이 장에서는 TfidfVectorizer()를 사용해 보겠다. 사이킷런에서 사용할 수 있는 TfidfVectorizer()를 임포트하고 잘 임포트됐는지 확인해 보자.

```
from sklearn.feature_extraction.text import TfidfVectorizer

tfidf_vect = TfidfVectorizer(tokenizer=None,
                             ngram_range=(1,2),
                             min_df=3,
                             max_df=0.95)
tfidf_vect.fit(X_train)
```

실행 결과

```
TfidfVectorizer(max_df=0.95, min_df=3, ngram_range=(1, 2))
```

---

5 https://scikit-learn.org/stable/modules/classes.html

TfidfVectorizer()에서 사용할 수 있는 주요 매개 변수

- analyzer: 단어, 문자 단위의 벡터화 방법 정의로, 단어, 문자 단위로 설정한다. 문자열 {'word', 'char', 'char_wb'} 또는 함수가 가능하다. tokenizer도 기본값인데 그 외에 함수로 입력할 수 있다.
- max_df: 정수 또는 [0.0, 1.0] 사이의 실수로 문서 빈도가 주어진 임곗값보다 높은 단어(코퍼스 관련 불용어)는 제외한다. (기본값=1.0)
  예) min_df = 10: 문서에 10개보다 작은 빈도로 나타나는 단어는 제외한다.
- min_df: 정수 또는 [0.0, 1.0] 사이의 실수로, 단어장에 포함되기 위한 최소 빈도다. (기본값=1.0)
  예) min_df = 0.01: 문서의 1% 미만으로 나타나는 단어는 제외한다.
- ngram_range: BOW 단위 수 (1, 3)이라면 1~3개까지 토큰을 묶어서 벡터화한다.
- stop_words: 불용어를 정의한다. 한국어는 list에 단어를 지정해 설정할 수 있다. (기본값=None)

이제 transform()으로 단어 문서 행렬로 변환한다. transform 이후에는 행렬로 변환되어 숫자 형태로 변경되는데 그 결과는 feature_tfidf로 받는다.

```
train_feature_tfidf = tfidf_vect.transform(X_train)
test_feature_tfidf = tfidf_vect.transform(X_test)

train_feature_tfidf.shape, test_feature_tfidf.shape
```

실행 결과

```
((45654, 22377), (9131, 22377))
```

train_feature_tfidf를 출력해 보면 〈9131x22377 sparse matrix of type '〈class 'numpy. float64'〉'with 45928 stored elements in Compressed Sparse Row format〉라고 나올 것이다(이전 장에서 결과를 출력해 봤기 때문에 여기서는 생략한다).

tfidf_vect 뒤에 get_feature_names_out() 메서드를 붙여서 vocab을 만들고 vocab[:10]을 출력해 보면 생성된 단어 사전(array)을 참조할 수 있다. 10개까지만 살펴보자.

```
vocab = tfidf_vect.get_feature_names_out()
print(len(vocab))
vocab[:10]
```

전체 단어 사전에서 가중치 값의 합계를 살펴보자. 위에서 구한 train_feature_vector의 값을 np.sum으로 모두 더하고, axis는 0으로 한다.

axis=0과 axis=1은 작동하는 방향이 다르다. 그림 5-6에서 보는 것처럼 axis=0이 아닌 axis=1로 하면 열의 숫자를 합치기 때문에 가중치 합을 볼 수 없으므로 주의한다.

그림 5-6 | 판다스의 매개 변수 축(axis) 작동 방향

```
dist = np.sum(train_feature_tfidf, axis=0)

vocab_count = pd.DataFrame(dist, columns=vocab)
vocab_count
```

실행 결과

	aa로	abs	acl	afc	afc 챔스리그	afc 챔피언십	afc 회장	ag	ag 우승	ai
0	1.374165	1.493937	4.560771	10.036045	3.516982	2.254818	1.220953	14.847285	1.557569	74.285975

1 rows × 22377 columns

위에서 구한 빈도수를 그래프로 그려 보면 더 쉽게 파악할 수 있다.

```
vocab_count.T[0].sort_values(ascending=False).head(50).plot.bar(figsize=(15,
4))
```

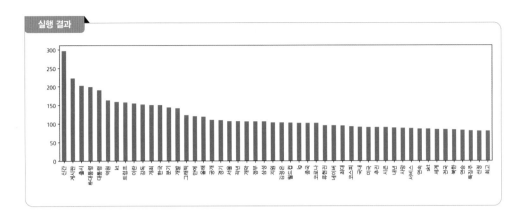

신간, 출시, 대통령 등의 단어가 많이 추출됐다. 대통령은 주로 정치에 등장하지만 경제에 영향을 준 인물이나 스포츠 시상자로도 등장하기 때문에 전체 토픽에서 사용 빈도가 높게 나타난 것으로 보인다.

LESSON 09 학습과 예측하기

1 랜덤 포레스트 분류기

학습은 랜덤 포레스트를 사용해 진행하겠다. 랜덤 포레스트는 트리 기반의 알고리즘으로 결정트리를 여러 개 만들어 학습과 예측을 한다. 그래서 트리 기반의 하이퍼 파라미터를 가지고 있다.

먼저 사이킷런 라이브러리의 RandomForestClassifier()를 불러온다. 랜덤 포레스트 분류기는 다음과 같이 작성했다. (각 매개 변수의 내용은 TIP을 참고하기 바란다.)

- n_estimators: 결정트리 개수를 지정한다.

  n_estimators = 100: 100개의 트리로 이루어진 랜덤 포레스트 분류기로 학습할 것이다.

- n_jobs: CPU 코어 사용 개수를 지정한다.

  n_jobs = −1: −1로 설정해 사용할 수 있는 모든 CPU 코어를 사용할 것이다.

- random_state: 수행할 때마다 같은 결과를 얻기 위해 설정한다.

```
# RandomForestClassifier를 불러온다.
from sklearn.ensemble import RandomForestClassifier

# 랜덤 포레스트 분류기를 사용한다.
model = RandomForestClassifier(n_estimators = 100, n_jobs = -1, random_state=42)
model
```

실행 결과

```
RandomForestClassifier(n_jobs=-1, random_state=42)
```

RandomForestClassifier()에 들어갈 수 있는 매개 변수

- n_estimators
  - 결정트리의 개수
  - 샘플의 수에 따라 트리를 만들 수 있는 개수가 제한적
  - 많을수록 성능이 좋아지나 오래 걸림
  - DecisionTree는 트리를 하나만 만들기 때문에 없음

- max_depth
  - 트리의 최대 깊이 설정

- max_features
  - 피처의 개수(int) 또는 비율(float)
  - sqrt 또는 auto: sqrt는 전체 피처 중 √(피처 개수) 만큼 사용
  - log: 전체 피처 중 log2(전체 피처 개수) 만큼 사용

- min_samples_split
  - 노드를 분할하기 위한 최소 샘플 데이터 수

- min_samples_leaf
  - 리프노드가 되기 위해 필요한 최소 샘플 데이터 수

- max_leaf_nodes
  - 리프노드의 최대 개수

- n_jobs
  - 사용할 CPU 코어의 수
  - -1로 설정 시 사용할 수 있는 모든 CPU 코어를 사용

2 교차 검증

과적합을 피하고 모델에 가장 잘 맞는 결과를 얻기 위해 k폴드 교차 검증(cross validation)을 한다. 교차 검증을 시행하면 어떤 모델을 실제 서비스나 제품에 적용했을 때 좋은 성능을 낼지 측정하고, 모델의 성능을 개선할 수 있는 평가 지표값을 계산해 볼 수 있다.

그림 5-7 | k폴드 교차 검증[6]

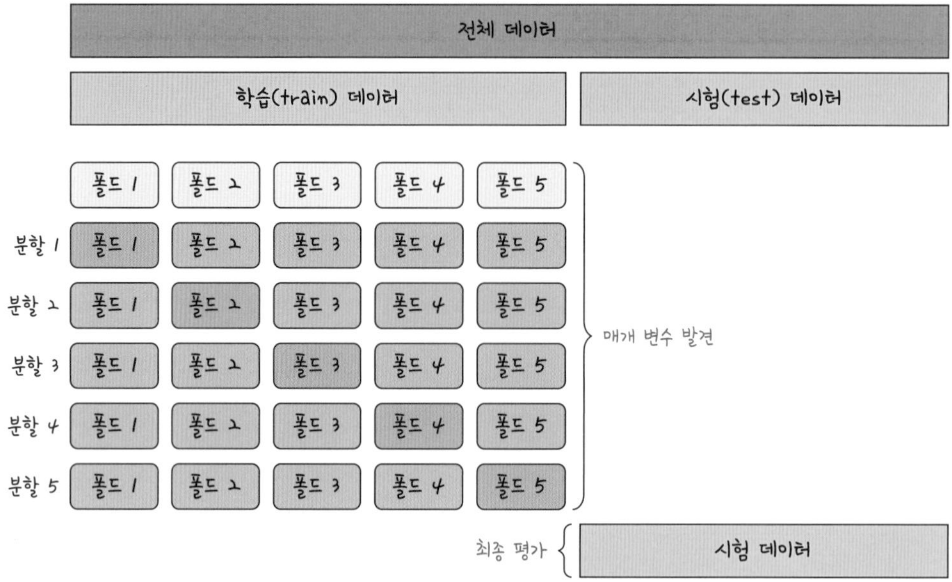

전체 데이터 세트를 학습 세트, 즉 N개 하위 세트로 분할(split)한다. 이때 시험 데이터는 시험 문제에 해당하므로 학습 데이터로 사용되지 않도록 따로 분리해 두고 평가에만 사용한다. 이처럼 k개의 폴드로 나누어 검증하면 좀 더 정확한 성능을 측정할 수 있다.

폴드의 기본값은 5이며 폴드 수만큼 학습한다. 그래서 데이터가 크고 폴드 수가 크면 학습하는 데 시간이 오래 걸린다. 결과를 빨리 확인해야 한다면 폴드의 수를 줄이면 되는데, 폴드 수가 클수록 학습도 많이 진행하고 그만큼 검증 결과도 더 정확하다는 점도 알아 두자. 이 책에서는 학습 시간을 단축하기 위해 폴드 수를 3으로 설정했다(cv=3).

```
from sklearn.model_selection import cross_val_predict
y_pred = cross_val_predict(model, train_feature_tfidf, y_train, cv=3, n_jobs=-1, verbose=1)
```

실행 결과

```
[Parallel(n_jobs=-1)]: Using backend LokyBackend with 2 concurrent workers.
[Parallel(n_jobs=-1)]: Done    3 out of   3 | elapsed:  6.0min finished
```

---

6 https://scikit-learn.org/stable/modules/cross_validation.html

여기서는 교차 검증의 측정 지표로 정확도(accuracy)를 사용한다. y_train에 정답값이 있기 때문에 실제값과 예측값의 맞고 틀림의 정도를 나타낼 수 있다.

```
valid_accuracy = (y_pred == y_train).mean()
valid_accuracy
```

실행 결과

```
0.7384676041529767
```

범주 전체의 교차 검증 정확도는 약 0.738이다.

```
df_accuracy = pd.DataFrame({"pred": y_pred, "train": y_train})
df_accuracy["accuracy"] = (y_pred == y_train)
```

정확도가 아주 높은 것은 아니지만, 지면 관계상 모델의 성능을 높이기 위한 최적화나 튜닝의 과정은 담지 못했다. 꾸준히 학습한다면 빠르고 적당한 성능을 내는 방법, 무겁지만 최고의 성능을 올리는 방법 등 여러 가지를 고려해 개선책을 모색해 볼 수 있을 것이다. 참고로 학습에 들어가기 전에 여러 방법을 통해 예측 비율을 높일 수 있다.

- 전처리에서 불용어 리스트 추가
- BOW, TF-IDF의 파라미터 변경
- 분류기의 파라미터 변경
- 분류기 변경

 3 학습

이제 fit()으로 학습하고, predict()로 예측하는 과정을 실습하면서 우리가 만든 모델이 어느 정도 성능이 나오는지 알아보자. 먼저 model.fit()으로 모델을 학습한다.

```
# fit으로 학습
%time model.fit(train_feature_tfidf, y_train)
```

```
CPU times: user 3min 27s, sys: 682 ms, total: 3min 28s
Wall time: 1min 47s
RandomForestClassifier(n_jobs=-1, random_state=42)
```

이어서 model.predict()로 정확도를 예측한다.

```
y_predict = model.predict(test_feature_tfidf)
y_predict[:5]
```

```
array([2., 3., 2., 2., 3.])
```

LESSON 10 답안지 불러오기

KOREAN TEXT ANALYSIS FOR EVERYONE

이 장은 경진대회에 나가서 데이터를 분석하고 결과를 제출하는 과정을 연습해 보려는 목적도 있다. 지금은 경진대회가 끝나서 리더보드에 올릴 수는 없지만, 앞에서 예측한 결과를 리더보드에 어떻게 올릴 수 있는지까지 살펴보겠다.

sample_submission.csv 파일은 마치 답안지와 같다. 리더보드에는 이 파일을 제출한다.

```
submit = pd.read_csv(os.path.join(base_path, "sample_submission.csv"))
submit.head()
```

실행 결과

	index	topic_idx
0	45654	0
1	45655	0
2	45656	0
3	45657	0
4	45658	0

리더보드에 올려 정답값을 측정하기 위해 y_test 변수에 할당한다.

```
submit["topic_idx"] = y_predict
```

리더보드에 파일로 제출하기 위해 파일로 저장한다.

```
file_name = os.path.join(base_path, f"submit_{valid_accuracy}.csv")
submit.to_csv(file_name, index=False)
```

데이콘 사이트로 들어가 이 파일을 제출하면 된다.[7] 지금은 대회가 끝나서 '마감' 버튼이 떠 있을 것이다. 파일을 제출할 수는 없지만 순위권 안에 든 사람들의 점수를 확인해 보거나 코드를 참고할 수 있으니 꼭 방문해 보기를 바란다.

그림 5-8 | 데이콘의 AI 경진대회 페이지

---

7   https://dacon.io/competitions/open/235658/leaderboard

6장

국민청원 데이터
시각화와 분류

들어가며

KOREAN TEXT ANALYSIS FOR EVERYONE

이 장에서는 국민청원 데이터를 시각화해 데이터를 탐색해 보겠다. 청와대 국민청원은 청와대 홈페이지에 청원을 등록한 뒤 30일 동안 20만 개 이상의 투표를 받으면 정부가 답변을 제공하는 서비스로, 2017년 8월에 처음 시작했으며 현재는 폐지됐다.[1] 청원으로 올라온 내용을 분석하면 당시 사회적 이슈를 확인할 수 있다.

국민청원 데이터를 통해 실습해 볼 과제는 다음과 같다.

- 판다스로 데이터 살펴보기
- KoNLPy와 soynlp로 특정 형태소를 추출/제거하기
- 머신러닝으로 텍스트 데이터를 이진 분류해 보기

이를 진행하면서 텍스트 데이터 분석에 입문하고 간단한 머신러닝까지 활용해 보겠다. (참고로 데이터를 그대로 사용하므로 데이터 내 오탈자나 오류도 별도 수정 없이 실었다.)

---

1 국민청원은 2022년 5월에 폐지됐고, 2022년 6월부터 국민제안 서비스가 운영 중이다. (https://www.epeople.go.kr/nep/withpeople/index.npaid)

분석 과정

분석은 다음과 같은 순서로 진행한다.

- head( )와 tail( )로 데이터 미리 보기
- 정규표현식으로 데이터 전처리, 불용어 제거하기
- 판다스의 info( ), describe( )로 데이터 요약하기
- 청원 기간 구하기
- 플롯나인으로 다양하게 시각화하기
- KoNLPy와 soynlp로 토큰화하기, 명사 추출하기, 워드클라우드 그리기
- 판다스로 투표수 구하기
- TF-IDF 단어 벡터화 및 가중치 적용하기
- 학습(fit), 예측(predict), 평가(evaluate)

LESSON 02 분석을 위한 기본 설정

KOREAN TEXT ANALYSIS FOR EVERYONE

1 라이브러리 불러오기

판다스와 넘파이를 임포트한다. 공식 문서에서 사용하는 것처럼, 임포트할 때 판다스는 pd, 넘파이는 np라는 별칭을 사용했다.

```python
# 데이터 분석을 위한 판다스, 수치 계산을 위한 넘파이 불러오기
import pandas as pd
import numpy as np

# 버전 확인
print(pd.__version__)
print(np.__version__)
```

실행 결과

```
1.3.5
1.22.4
```

시각화 라이브러리는 플롯나인(plotnine)을 사용한다. 플롯나인은 다음과 같이 pip로 간단하게 설치할 수 있다.

```python
!pip install plotnine
```

플롯나인은 파이썬용 그래픽 문법(A grammar of graphics for Python)이다. 통계 프로그래밍 R에서 그래픽을 선언적으로 생성하는 ggplot2의 그래픽 문법을 파이썬에서 거의 똑같이 사용할 수 있는 패키지다. ggplot2는 Posit, PBC의 수석 과학자이자 통계학과 겸임 교수인 해들리 위컴이 개발한 오픈 소스 데이터 시각화 패키지다.[2] R의 ggplot2에 익숙한 사용자라면 R에서 사용하는 방법과 유사하므로 쉽게 사용할 수 있다. ggplot에 익숙하지 않더라도 데이터, 시각적 요소, 통계값 등을 더하기(+) 연산자로 함수를 연결해 그린다고 생각하면 비교적 쉽게 그래프를 그릴 수 있다.

플롯나인 설치 후에는 *를 사용하거나 임포트로 ggplot, geom_point, aes, stat_smooth, facet_wrap을 불러와서 관련 패키지를 사용할 수 있다.

```
from plotnine import *
# from plotnine import ggplot, geom_point, aes, stat_smooth, facet_wrap
```

TIP

작업하는 도중 경고(warning) 메시지가 뜰 수 있다. 경고 메시지는 보통 버전 업데이트 내용이나 권장하는 기능에 대한 내용이라, 오류 메시지와는 다르게 코드가 동작하므로 무시해도 상관없다.

경고 메시지에 당황하지 않고, 출력 데이터가 깔끔해 보이도록 다음 코드를 넣어 경고 메시지가 뜨지 않게 처리한다. 만약 버전 업데이트 내용 등을 확인하고 싶다면 해당 코드를 주석 처리하거나 지운 뒤 권고 사항을 확인하면 된다.

```
# 경고 메시지를 띄우지 않고 출력 데이터를 깔끔하게 표시
import warnings
warnings.filterwarnings('ignore')
```

---

2 https://plotnine.readthedocs.io/en/stable

판다스로 데이터 불러오기

KOREAN TEXT ANALYSIS FOR EVERYONE

이 장에서는 청와대 국민청원 사이트의 만료된 청원 데이터를 모아 놓은 petition.csv 파일을 사용한다. 분량이 너무 많으면 속도가 오래 걸리기 때문에 원활한 실습을 위해 일부 데이터만 사용할 것이다. 더 큰 데이터를 사용하고 싶다면 데이터 출처의 깃허브에서 다운로드할 수 있다.

그림 6-1 | petition.csv[3]

:≡ README.md

청와대 국민청원 사이트의 만료된 청원 데이터 모음.

데이터

petition.csv

- 전체 데이터

petition_corrupted.csv

- 전체 행 중에서 5%는 임의 필드 1개에 결측치 삽입
- 범주(category)가 '육아/교육'이고 투표수(votes)가 50건 초과이면 20% 확률로 투표수에 결측치 넣기
- 나머지는 전체 데이터와 동일

petition_sampled.csv

- 전체 데이터 중 5%만 임의추출한 데이터

petition_corrupted_sampled.csv

- 결측치가 삽입된 샘플 데이터
- `petition_corrupted.csv` 파일에서 5%만 임의추출하여 생성

다음은 petition.csv 파일을 코랩 환경에 다운로드하는 코드다.

---

3   https://github.com/akngs/petitions

```python
import os
import platform

base_path = "data"
file_name = "petition.csv"
url ='https://drive.google.com/open?id=1d8VEAj6n83wT1YRlCrhoU_1mMSvYpXc4'

def file_exist_check(base_path, file_name):
    if os.path.exists(f"./{file_name}"):
        print(f"{os.getcwd()}/{base_path} 경로에 파일이 있음")
        return

    if not os.path.exists(base_path):
        os.makedirs(base_path)

    if platform.system() == "Linux":
        # 구글 드라이브에서 csv 파일을 읽어 오기 위해 gauth 인증하기
        !pip install -U -q PyDrive
        from pydrive.auth import GoogleAuth
        from pydrive.drive import GoogleDrive
        from google.colab import auth
        from oauth2client.client import GoogleCredentials

        auth.authenticate_user()
        gauth = GoogleAuth()
        gauth.credentials = GoogleCredentials.get_application_default()
        drive = GoogleDrive(gauth)

        id = url.split('=')[1]
        downloaded = drive.CreateFile({'id':id})
        downloaded.GetContentFile(f'{base_path}/{file_name}')
        print(f"사용자의 구글 드라이브에 {base_path}/{file_name} 다운로드 완료")
    else:
        print(f"{url} 에서 다운로드해 실습 경로 {os.getcwd()}/{base_path}에 옮겨
주세요.""")
        return

file_exist_check(base_path, file_name)
```

사용자의 구글 드라이브에 data/petition.csv 다운로드 완료

코드를 실행하면 구글 로그인 인증을 묻는 창이 뜨는데, 다음 절을 참고해 인증 절차를 수행하자. 로그인 인증을 하지 않으면 사용자 환경에 쓰기 권한이 없기 때문에 파일을 다운로드할 수 없다. 또한, 실습하다 전체 코드를 다시 돌려 봐야 할 때가 있는데, 위 코드를 실행하면 매번 파일을 새로 다운로드하지 않고 파일이 있을 경우에는 다운로드 없이 그대로 진행할 수 있다.

1 구글 드라이브에 파일 다운로드

앞 절의 코드를 실행하면 다음과 같은 창이 뜬다. 이는 사용자 구글 드라이브의 파일 쓰기 권한 부여를 묻는 창이다. **허용** 버튼을 클릭하면 사용자의 코랩 계정으로 국민청원 데이터를 다운로드할 수 있다. 허용하지 않고 **아니요** 버튼을 클릭하면 코드에 있는 링크에서 직접 파일을 다운로드한 뒤 코랩 드라이브 폴더에 업로드해야 실습을 진행할 수 있다.

그림 6-2 | 구글 로그인 인증창

이 노트북이 내 **Google** 사용자 인증 정보에 액세스하도록 허용하시겠습니까?

이 노트북에서 실행된 코드가 내 Google Drive와 Google Cloud 데이터에 액세스하도록 허용합니다. 액세스를 허용하기 전에 이 노트북의 코드를 검토하세요.

아니요   허용

허용 버튼을 클릭하면 구글 계정 선택창이 뜨고, 계정을 선택하면 코랩에서 선택한 계정에 액세스하는 것을 허용하겠냐는 창이 뜬다.

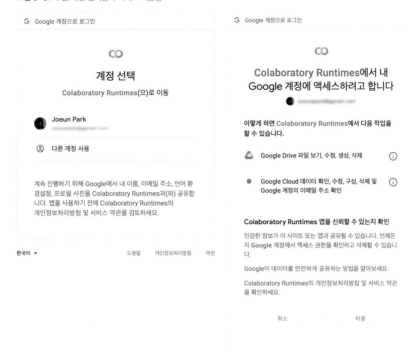

한 번 더 **허용** 버튼을 클릭하면 데이터를 다운로드한 뒤 완료 메시지를 결과창에 출력한다.

실행 결과

사용자의 구글 드라이브에 data/petition.csv 다운로드 완료

앞에서 다운로드한 데이터의 위치를 찾아가 본 적이 있다. 맞다. csv 파일이 제대로 다운로 드했다면, 코랩의 왼쪽 탭 〉 폴더 아이콘 〉 data 폴더 〉 petition.csv 파일이 있을 것이다.

그림 6-4 | data 〉 petition.csv

다운로드한 csv 파일을 판다스의 데이터 프레임 형태로 불러올 수 있다. 불러와서 shape를 사용해 데이터의 행과 열의 수를 확인해 보자.

```
petitions = pd.read_csv(f"{base_path}/petition.csv", index_col="article_id",
                        parse_dates=['start', 'end'])

# 데이터의 행과 열의 수 확인
petitions.shape
```

실행 결과

```
(377756, 7)
```

데이터가 총 377,756건이 있다. `petitions.info()`를 사용하면 행 개수, 데이터 개수, 데이터 타입을 알 수 있다.

```
# 데이터 세트의 정보를 볼 수 있다.
# 어떤 열(columm)이 있고 몇 개의 데이터가 있고 어떤 타입인지 볼 수 있다.
petitions.info()
```

실행 결과

```
<class 'pandas.core.frame.DataFrame'>
Int64Index: 377756 entries, 21 to 492043
Data columns (total 7 columns):
 #   Column    Non-Null Count   Dtype
---  ------    --------------   -----
 0   start     377756 non-null  datetime64[ns]
 1   end       377756 non-null  datetime64[ns]
 2   answered  377756 non-null  int64
 3   votes     377756 non-null  int64
 4   category  377756 non-null  object
 5   title     377756 non-null  object
 6   content   377755 non-null  object
dtypes: datetime64[ns](2), int64(2), object(3)
```

이번에는 데이터를 살펴보자. 전체 데이터를 모두 읽으면 내용이 너무 많기 때문에 일부 데이터만 살펴보겠다. head( )로 처음 데이터 5개를 읽어온다. 국민청원의 고유번호(article_id), 타이틀(title), 청원 내용(context), 청와대에서 답변했는지 여부(answer)를 볼 수 있다.

```
petitions.head()
```

실행 결과

article_id	start	end	answered	votes	category	title	content
21	2017-08-19	2017-11-17	0	9	안전/환경	스텔라 데이지호에 대한 제안입니다.	스텔라 데이지호에 대한 제안입니다.₩n3월31일 스텔라 데이지호가 침몰하고 5달째가...
22	2017-08-19	2017-11-17	0	17	기타	비리제보처를 만들어주세요.	현 정부에 국민들이 가장 원하는 것은 부패척결입니다. 우리 사회에 각종 비리들이 ...
23	2017-08-19	2017-09-03	0	0	미래	제2의 개성공단	만일 하시는 대통령님 및 각 부처 장관님.주무관님들 안녕하세요!!₩n전남 목포에서 ...
24	2017-08-19	2017-08-26	0	53	일자리	공공기관 무조건적인 정규직 전환을 반대합니다.	현정부에서 정규직 일자리를 늘리는 것에 찬성합니다. 그런데 공공기관 비정규직들은 인...
25	2017-08-19	2017-09-03	0	0	미래	제2의 개성공단	만일 하시는 대통령님 및 각 부처 장관님.주무관님들 안녕하세요!!₩n전남 목포에서 ...

head( )의 결과를 보면 article_id가 21번부터 시작하고, 스텔라 데이지호에 대한 청원이 가장 처음 올라온 국민청원이다. tail( )을 사용하면 head( )와는 반대로 뒤에서부터 데이터를 읽어 온다.

```
petitions.tail()
```

article_id	start	end	answered	votes	category	title	content
492039	2019-01-09	2019-02-08	0	48	인권/성평등	박종철 의원. 폭행구속수사 및 의원직 박탈 청원합니다	나라돈으로 해외연수가서 현지 동반 가이드를 때려 안경 파편이 얼굴이 꽂혔답니다. C...
492040	2019-01-09	2019-02-08	0	5	정치개혁	각 정상들은 들으시요 국회의원을 학력과 무관한 양심 및 윤리가 있는 서민이 되어...	각 정당은 현재 국회의원 개개인을 심사하면 지탄받은 사람이 국₩n회를 장악하고 있습...
492041	2019-01-09	2019-02-08	0	1	외교/통일/국방	남한땅에 옥류관을 오픈해주세요	말그대로 옥류관을 여기서 열면 진짜 재미있고 신나는 일이 일어날것 같은 느낌이 듭니...
492042	2019-01-09	2019-02-08	0	4	정치개혁	임종석실장님 수고많으셨습니다.	범죄정권이후 많은 어려움을 갖고 시작한 국민의 정부.₩n저급한 자칭 보수단체와 한국당...
492043	2019-01-09	2019-02-08	0	1	행정	예천군과 환경부를 규탄합니다. 어불성설인 가축사육 관련 법규를 개정해주세요!	해당 사건이 발생한 곳은 요즘은 매체에서 매일 나오는 곳으로 '군의원의 외유성 해외...

columns로 특정 데이터 프레임의 열 이름만 확인할 수도 있다.

```
# 데이터 프레임의 열만 불러올 수 있다.
petitions.columns
```

```
Index(['start', 'end', 'answered', 'votes', 'category', 'title', 'content'],
dtype='object')
```

petitions.describe( )[4]를 사용하면 기술 통계를 요약해 보여 준다. 즉, 숫자로 된 데이터에 대해 빈도수(count), 평균(mean), 표준편차(std), 최솟값(min), 최댓값(max), 중앙값(50%), 사분위수 등을 볼 수 있다. 결괏값을 보면 가장 많은 투표를 받은 청원은 11,920,491(1.192049e+06[5])번의 투표를 받았음을 알 수 있다.

---

4 기본적으로 수치 데이터에 대한 요약을 보여 주며, object 형식에 대한 데이터의 요약도 볼 수 있다.

5 판다스는 숫자의 길이가 길어지면 효율적으로 표현하기 위해 과학적 표기법을 사용해 출력한다.

```
petitions.describe()
```

실행 결과

	answered	votes
count	377756.000000	3.777560e+05
mean	0.000077	1.514069e+02
std	0.008761	4.842551e+03
min	0.000000	0.000000e+00
25%	0.000000	1.000000e+00
50%	0.000000	5.000000e+00
75%	0.000000	1.500000e+01
max	1.000000	1.192049e+06

데이터의 전체 특성이 아닌 개별 항목으로 보고 싶다면 petitions["votes"].mean()과 같은 방법으로 평균만 확인할 수도 있다. 최솟값이나 최댓값을 보고 싶다면 min()이나 max()를 사용할 수 있으며 다른 기술 통계 값도 따로 확인할 수 있다. 문자 형태의 데이터를 요약하려면 include="object"를 사용하면 된다.

TIP
뒤에 물음표를 사용하면 해당 메서드에 대한 도움말(docstring)을 확인할 수 있다. 예를 들어 describe()에 대한 도움말 문서가 궁금하다면 petitions.describe?와 같이 입력한다.

```
petitions.describe?
```

실행 결과

옆에 도움말이 열린다.

```
<class 'pandas.core.frame.DataFrame'>
RangeIndex: 377756 entries, 0 to 377755
Data columns (total 8 columns):
 #   Column      Non-Null Count    Dtype
---  ------      --------------    -----
 0   article_id  377756 non-null   int64
 1   start       377756 non-null   datet
 2   end         377756 non-null   datet
 3   answered    377756 non-null   int64
 4   votes       377756 non-null   int64
 5   category    377756 non-null   objec
 6   title       377756 non-null   objec
 7   content     377755 non-null   objec
dtypes: datetime64[ns](2), int64(3), ob
memory usage: 23.1+ MB

petitions.describe?
```

```
도움말 ×

Signature: petitions.describe(percentiles=None, include=None,
exclude=None, datetime_is_numeric=False) -> 'FrameOrSeries'
Docstring:
Generate descriptive statistics.

Descriptive statistics include those that summarize the central
tendency, dispersion and shape of a
dataset's distribution, excluding ``NaN`` values.

Analyzes both numeric and object series, as well
as ``DataFrame`` column sets of mixed data types. The output
will vary depending on what is provided. Refer to the notes
below for more detail.

Parameters
----------
```

3 결측치가 있는지 확인하기

결측치란 말 그대로 데이터에 값이 없는 것을 말한다. 결측치는 사용하는 프로그래밍 언어마다 여러 가지로 표현되는데 머신러닝 알고리즘 내부에서 결측치를 연산할 수 없기 때문에 오류가 발생한다. 따라서 데이터를 볼 때는 항상 결측치를 주의해야 한다. 머신러닝 알고리즘으로 모델을 만들 때는 dropna()를 통해 결측치를 제거하거나 0과 같은 작은 숫자로 대체하기도 한다.

isnull().sum()으로 N/A인 행, 즉 결측치가 있는지 요약해 확인해 본다. 때로는 이미 결측치가 0이나 다른 숫자로 대체해서 들어가 있을 수도 있으므로 주의하자.

```
petitions.isnull().sum()
```

실행 결과

```
start        0
end          0
answered     0
votes        0
category     0
title        0
content      1
```

content 변수에만 1이 있고 나머지는 모두 0인 것으로 보아 분석 대상 국민청원 데이터에는 결측치가 거의 없음을 알 수 있다.

LESSON 04 판다스 데이터 분석과 시각화

KOREAN TEXT ANALYSIS FOR EVERYONE

판다스로 국민청원 데이터를 더 자세히 살펴보고, 시각화해 보자.

1 답변 대상 청원 열 추가

answered 항목은 청와대에서 답변했는지 여부를 알 수 있는 열이다. 그런데 데이터 중에는 답변 대기 중인 청원도 있으므로 이를 확인해야 한다. 비교 연산자(==)를 이용해 20만 개 이상 투표를 받아 답변 대상인 청원에 대해 answer라는 새로운 열을 추가해 주었다.

```
petitions['answer'] = (petitions['votes'] > 200000) == 1
petitions.shape
```

실행 결과

```
(377756, 8)
```

출력 결과를 보면 열이 8개로 하나 늘었다. 잘 이해가 되지 않는다면 (petitions['votes'] > 200000) == 1로 코드 일부만 출력해 보자. 투표가 20만 개가 넘는 청원은 True, 나머지는 False로 찍어서 가져온다. (지면 관계상 생략되어 False만 나온 것처럼 보이지만, 생략된 부분에 True도 잘 있다.)

```
(petitions['votes'] >200000) == 1
```

```
article_id
21        False
22        False
23        False
24        False
25        False
          ...
492039    False
492040    False
492041    False
492042    False
492043    False
Name: votes, Length: 377756, dtype: bool
```

또는 head()로 확인해도 된다. 다음과 같이 head(3)로 미리 보기를 하면 True/False가 출력되는 answer 열이 추가됐음을 확인할 수 있다.

```
petitions.head(3)
```

article_id	start	end	answered	votes	category	title	content	answer
21	2017-08-19	2017-11-17	0	9	안전/환경	스텔라 데이지호에 대한 제안입니다.	스텔라 데이지호에 대한 제안입니다.₩n3월 31일 스텔라 데이지호가 침몰하고 5달째가...	False
22	2017-08-19	2017-11-17	0	17	기타	비리제보처를 만들어주세요.	현 정부에 국민들이 가장 원하는 것은 부패척결입니다. 우리 사회에 각종 비리들이 ...	False
23	2017-08-19	2017-09-03	0	0	미래	제2의 개성공단	만일 하시는 대통령님 및 각 부처 장관님,주무관님들 안녕하세요!!₩n전남 목포에서 ...	False

2 청원 기간별 분석

청원 기간을 알아보기 위해 청원이 끝난 날인 end 열에서 청원을 시작한 날인 start 열의 날짜를 빼서 duration이라는 새로운 열을 만들어 준다.

```
petitions['duration'] = petitions['end'] - petitions['start']
petitions.sort_values('duration', ascending=True).head(3)
```

실행 결과

article_id	start	end	answered	votes	category	title	content	answer	duration
13577	2017-09-12	2017-09-19	0	20	육아/교육	사립유치원의 집단휴업을 반대합니다	국공립 유치원도 없고 국공립어린이집 들어가기도 힘든 실정에 사립유치원은 부모들의 어...	False	7 days
4213	2017-09-05	2017-09-12	0	1	인권/성평등	청소년 보호법이 아니라 소년법입니다...	소년법 폐지 청원합니다	False	7 days
4214	2017-09-05	2017-09-12	0	0	정치개혁	소년법 강화	이번 부산여중생 사건을보고 느낍니다.₩n 소년법 폐지 주셨으면 좋겠습니다.₩n아님 강...	False	7 days

그런 다음 value_counts()로 동일한 값을 모두 더한 결과를 확인해 보자.

```
petitions['duration'].value_counts()
```

실행 결과

```
30 days    366556
90 days      6754
7 days       2436
15 days      1204
60 days       806
```

청원 기간은 기간별로 30일이 가장 많고 90일, 7일 순으로 많다. 청원 기간이 90일이고 답변 대상인 건에는 어떤 청원이 있는지 살펴보자. 연산을 통해 값을 비교하면 결과가 True, False로 나오는데 이 결과를 데이터 프레임으로 다시 감싸면 True로 된 행만 가져온다. 이 방법은 True 또는 False로 나오는 bool 값으로 결괏값을 색인해 오기 때문에, boolean Indexing이라고도 한다.

```
petitions[(petitions['duration'] == '90 days') & (petitions['answer'] == 1)]
```

실행 결과

article_id	start	end	answered	votes	category	title	content	answer	duration
10949	2017-09-06	2017-12-05	1	615354	미래	조두순 출소반대	제발 조두순 재심다시해서 무기징역으로 해야됩니다!!!	True	90 days

같은 방법으로 청원 기간이 60일이고 답변 대상인 건을 확인해 보자. 앞에서 확인한 청원 기간 90일의 경우 해당하는 데이터가 한 건뿐이라 head( )로 미리 보기를 했을 때 한 건만 출력됐는데 60일, 30일, 7일에 해당되는 데이터는 여러 건이라 다 표시하기에는 많다. 그래서 변수에 담아 shape로 행과 열을 표시하고 데이터도 일부만 출력했다.

```
petitions_60_answer = petitions[(petitions['duration'] == '60 days') &
(petitions['answer'] == 1)]
print(petitions_60_answer.shape)
petitions_60_answer.head()
```

실행 결과

(1, 9)

article_id	start	end	answered	votes	category	title	content	answer	duration
1785	2017-09-03	2017-11-02	1	296330	인권/성평등	청소년이란 이유로 보호법을 악용하는 잔인무도한 청소년들이 늘어나고있습니다. 반드시 ...	안녕하십니까. 청소년보호법이란 명목 하에 나쁜짓을 일삼는 청소년들이 너무나 많아지고 ...	True	60 days

마찬가지 방법으로 청원 기간이 30일이고 답변 대상인 건을 확인해 보자. 전체 청원 중에서 20만 개 이상 투표를 얻은 청원(answer)은 100건이 채 안 되는데, 청원 기간 30일인 75건에서 answer 열의 값이 True다. 이 기간 많은 청원에 답변이 이루어졌음을 알 수 있다.

```
petitions_30_answer = petitions[(petitions['duration'] == '30 days') \
                                & (petitions['answer'] == 1)]
print(petitions_30_answer.shape)
petitions_30_answer.head(3)
```

실행 결과

(75, 9)

article_id	start	end	answered	votes	category	title	content	answer	duration
18278	2017-09-30	2017-10-30	1	235372	인권/성평등	낙태죄 폐지와 자연유산 유도약(미프진) 합법화 및 도입을 부탁드립니다.	안녕하세요. 존경하는 대통령님 의원님₩n낙태죄 폐지를 청원합니다.₩n현재 대한민국은...	True	30 days
26024	2017-11-04	2017-12-04	1	216774	안전/환경	'주취감형(술을 먹으면 형벌 감형)' 폐지를 건의(청원)합니다.	'주취감형'이란, 술을 먹고 범행을 저지를 때, 심신미약 (이성이 없고 우발적)이라...	True	30 days
45581	2017-11-17	2017-12-17	1	281985	보건복지	권역외상센터 (이국종 교수님) 추가, 제도적, 환경적, 인력 지원	청원사항)₩n중증외상분야의 추가적, 제도적, 환경적, 인력 지원 방안마련₩n현의료...	True	30 days

청원 기간이 7일이고 답변 대상에 해당하는 건은 없다. 참고로 청원 기간이 7일인 데이터의 시작 날짜를 그룹화해 보면 국민청원을 운영한 초기(2017년 8월 19일~9월 14일)에는 답변 대기 기간이 7일이었던 것으로 추정된다.

3 청원 기간과 분야별 분석

이번에는 어느 분야의 청원이 가장 많이 들어왔는지 확인해 보자. 판다스의 value_counts()로 특정 열의 데이터를 그룹화해 카운트할 수 있다. 전체 분야를 대상으로 확인해 보면 정치개혁과 관련한 국민청원이 가장 많았다는 것을 알 수 있다.

```
category = pd.DataFrame(petitions['category'].value_counts()).reset_index()
category.columns = ['category', 'counts']
category
```

실행 결과

	category	counts
0	정치개혁	59020
1	기타	46449
2	인권/성평등	33738
3	안전/환경	29196
4	교통/건축/국토	26910
5	외교/통일/국방	25705
6	육아/교육	24861
7	보건복지	23608
8	일자리	22111
	(...)	
16	농산어촌	1778

이번에는 청원이 얼마 동안 집계됐는지, 청원이 가장 많이 들어온 날은 언제인지 정렬해 보자.

```
start_df = pd.DataFrame(petitions['start'].value_counts()).reset_index()
start_df.columns = ['start', 'counts']
start_df = start_df.sort_values('counts', ascending=False)
print('청원 집계: {}일'.format(start_df.shape[0]))
start_df.head()
```

청원 집계: 509일

	start	counts
0	2017-11-11	9623
1	2017-09-05	5952
2	2018-01-11	3368
3	2018-02-06	2631
4	2017-11-09	2487

2017년 11월 11일과 9월 5일에 청원이 폭발적으로 많았다. 그렇다면 청원이 많았던 날 또는 청원이 많았던 분야에 투표도 많이 일어났을까? 둘의 관계를 파악하기 위해 먼저 피벗 테이블 기능으로 투표가 가장 많이 일어난 분야를 보자.[6]

```
petitions_unique = pd.pivot_table(petitions, index=['category'], aggfunc=np.sum)
petitions_best = petitions_unique.sort_values(by='votes', ascending=False).reset_index()
petitions_best
```

	category	answer	answered	votes
0	인권/성평등	23	9	12225998
1	안전/환경	10	2	6512799
2	정치개혁	7	2	5686172
3	기타	7	1	4720310
4	육아/교육	3	1	4420589
5	보건복지	3	2	4269399
6	문화/예술/체육/언론	7	4	4086382
7	외교/통일/국방	4	1	3637926
8	교통/건축/국토	3	2	2834727
9	반려동물	4	0	2023905
10	경제민주화	2	1	1720766
11	행정	1	1	1665855
12	미래	1	1	1120174
13	일자리	0	0	1113973

---

6 pd.pivot_table?와 같은 방법으로 공식 문서를 통한 매개 변수 사용법을 확인할 수 있다.

	category	answer	answered	votes
14	성장동력	2	2	866240
15	저출산/고령화대책	0	0	174841
16	농산어촌	0	0	114822

결과를 보면 투표를 가장 많이 받았던 분야는 인권/성평등이다. 앞에서 확인한 청원이 가장 많았던 분야인 정치개혁 분야는 투표수가 3번째로 많은 것으로 나타났다. 이것으로 청원의 빈도수와 투표수가 항상 비례하지는 않음을 알 수 있다.

이번에는 투표를 가장 많이 받았던 날을 확인해 보자.

```
petitions_start = pd.pivot_table(petitions, index=['start'], aggfunc=np.sum)
votes_df = petitions_start.sort_values(by='votes', ascending=False)
votes_df.loc[petitions_start['votes'] > 350000]
```

실행 결과

start	answer	answered	votes
2018-10-17	1	0	1300523
2018-10-31	2	0	827096
2018-06-13	1	0	786157
2018-10-18	2	0	721524
2018-02-19	1	1	701520
2018-11-09	2	0	672819
2018-07-22	1	0	672491
2017-09-06	1	1	648209
2018-06-24	2	0	628925
2018-10-04	2	1	626761
2018-02-23	2	2	608530
2018-05-18	1	0	574483
2018-05-11	1	1	556549
2018-05-25	2	0	514253
2018-11-14	1	0	469027
2018-06-17	2	0	468341
2018-07-03	1	0	467132
2018-04-17	1	1	446950
2018-05-02	1	0	445493
2018-10-02	1	1	437841
2017-09-03	1	1	433356

start	answer	answered	votes
2018-06-14	1	1	403351
2018-01-20	1	1	399683
2017-11-17	1	1	393348
2017-11-24	1	1	392782
2018-12-07	1	0	387305
2018-03-24	1	0	385480
2018-09-06	1	0	383145
2018-03-03	1	1	380016
2018-01-15	1	1	376187
2018-04-16	1	0	369318
2018-01-25	1	1	364926
2019-01-07	1	0	352139

투표가 유난히 많았던 날은 큰 이슈가 있었던 날이라고 할 수 있다. 청원을 많이 받은 날이 투표도 많이 받은 날인지 살펴보자. 인덱스로 설정된 start를 키로 사용하기 위해 열로 변경해 주고 인덱스를 생성한다.

```
votes_df = votes_df.reset_index()
votes_df.head()
```

실행 결과

	start	answer	answered	votes
0	2018-10-17	1	0	1300523
1	2018-10-31	2	0	827096
2	2018-06-13	1	0	786157
3	2018-10-18	2	0	721524
4	2018-02-19	1	1	701520

merge의 key로 설정할 start를 on으로 지정하면 start 값이 같은 값끼리 연결된다. 투표수가 많았던 날 상위 5개를 확인해 본다. 2018년 10월 17일이 투표가 가장 많았던 날이다.

```
hottest_day_df = start_df.merge(votes_df, on='start', how='left')
hottest_day_df.nlargest(5, "votes")
```

	start	counts	answer	answered	votes
113	2018-10-17	926	1	0	1300523
80	2018-10-31	1010	2	0	827096
365	2018-06-13	542	1	0	786157
73	2018-10-18	1032	2	0	721524
259	2018-02-19	698	1	1	701520

nlargest()를 사용해 내림차순으로 5개 행을 보면 2017년 11월 11일이 청원을 가장 많이 받은 날이었다. 이 날 어떤 뉴스가 있었는지 찾아보면 청원 내용과 비교해 볼 수 있을 것이다.

```
hottest_day_df.nlargest(5, "counts")
```

	start	counts	answer	answered	votes
0	2017-11-11	9623	0	0	85074
1	2017-09-05	5952	0	0	48808
2	2018-01-11	3368	0	0	44570
3	2018-02-06	2631	0	0	83038
4	2017-11-09	2487	0	0	34774

청원이 20만 개 이상 투표를 받으면 청와대로부터 답변을 받을 수 있다. 투표수 20만 개 이상, 즉 답변 대상인 청원은 몇 건이 있는지 살펴보자. votes가 20만 개 이상인 행만 추출한다.

```
answered_df = petitions.loc[petitions['votes'] > 200000]
print('답변 대상 청원: {}건'.format(answered_df.shape[0]))
```

답변 대상 청원: 77건

답변 대상 청원은 총 77건이다. head()로 미리 보기를 해서 대략적인 내용을 확인해 보자.

```
answered_df.head()
```

article_id	start	end	answered	votes	category	title	content	answer	duration
1785	2017-09-03	2017-11-02	1	296330	인권/성평등	청소년이란 이유로 보호법을 악용하는 잔인무도한 청소년들이 늘어나고있습니다. 반드시 ...	안녕하십니까. 청소년보호법이란 명목하에 나쁜짓을 일삼는 청소년들이 너무나 많아지고 ...	True	60 days
10949	2017-09-06	2017-12-05	1	615354	미래	조두순 출소반대	제발 조두순 재심 다시해서 무기징역으로 해야됩니다!!!	True	90 days
18278	2017-09-30	2017-10-30	1	235372	인권/성평등	낙태죄 폐지와 자연유산 유도약(미프진) 합법화 및 도입을 부탁드립니다.	안녕하세요. 존경하는 대통령님 의원님₩n낙태죄 폐지를 청원합니다.₩n현재 대한민국은...	True	30 days
26024	2017-11-04	2017-12-04	1	216774	안전/환경	'주취감형(술을 먹으면 형벌 감형)' 폐지를 건의(청원)합니다.	'주취감형'이란, 술을 먹고 범행을 저지를 때, 심신미약 (이성이 없고 우발적)이라...	True	30 days
45581	2017-11-17	2017-12-17	1	281985	보건복지	권역외상센터 (이국종 교수님) 추가적, 제도적, 환경적, 인력 지원	청원사항)₩n중증외상분야의 추가적, 제도적, 환경적, 인력 지원 방안마련₩n현 의료...	True	30 days

이번에는 답변 대상 청원 중 투표를 가장 많이 받은 청원을 확인해 보자. votes를 기준으로 정렬한 뒤 head(1)로 맨 위 답변만 확인한다.

```
answered_df.sort_values('votes', ascending=False).head(1)
```

article_id	start	end	answered	votes	category	title	content	answer	duration
408609	2018-10-17	2018-11-16	0	1192049	안전/환경	강서구 피시방 살인 사건. 또 심신미약 피의자입니다.	2018년 10월 14일 엊그제 일어난 강서구 피시방 살인 사건에 대한 청원입니다.₩...	True	30 days

카테고리별로 집계된 국민청원 데이터를 플롯나인에 있는 ggplot을 이용해 막대그래프로 그려 보자. 막대그래프는 geom_bar( ) 함수를 이용해 그릴 수 있다.

```
(ggplot(petitions)
 + aes('category')
 + geom_bar(fill='green')
)
```

실행 결과

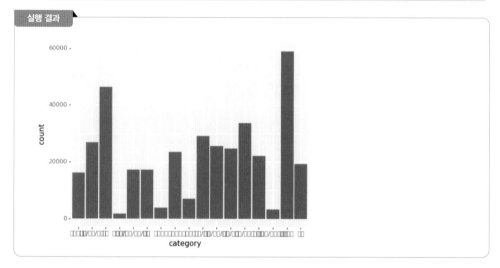

막대그래프는 잘 그려졌지만 한글이 깨져 보인다. 이는 폰트가 설치되지 않았기 때문이다. 다음 코드를 통해 한글 폰트를 설치한다. koreanize-matplotlib을 설치하는 것만으로 한글 폰트를 불러올 수 있다.

```
!pip install koreanize-matplotlib
```

플롯나인도 맷플롯립 기반으로 구동되기 때문에 이전 장에서 다룬 것과 같은 방법으로 폰트를 설정한다.[7] 오픈 라이선스로 무료로 사용할 수 있는 나눔고딕(NanumGothic)을 사용하도록 설정한다.

---

7 %config InlineBackend.figure_format = 'retina' 이 설정은 디스플레이가 retina를 지원하면 폰트를 선명하게 표시해 준다. 지원하지 않는 장비를 사용했을 때는 차이가 없다.

```
import koreanize_matplotlib

%config InlineBackend.figure_format = 'retina'

font_family = 'NanumGothic'
font_family
```

설정을 마친 뒤 시각화 코드를 작성한다. 다음 시각화 코드는 세 부분으로 나뉜다.

- aes(aesthetics): 데이터를 나타내는 시각 요소인 축, 크기, 색깔 등을 나타낸다. aes에 설정한 변수가 기본적으로 x축에 위치한다. y축은 따로 설정해 주지 않아도 자동으로 x축의 각 범주에 대한 빈도수가 계산되어 표시된다. 따라서 다음 코드를 실행하면 x축에는 국민청원의 범주, y축에는 빈도가 출력된다.
- geom_bar: 표의 종류다. 다음 코드는 막대그래프로 표현하고 막대를 초록색으로 채운다.
- theme: 폰트를 나눔고딕으로 설정해 글자가 깨지지 않게 했다. 글자가 겹쳐 보이지 않게 글자의 기울기는 60으로 설정했다.

```
(ggplot(petitions)
+ aes('category')
+ geom_bar(fill='green')
+ theme(text=element_text(family=font_family),
        axis_text_x=element_text(rotation=60)
)
```

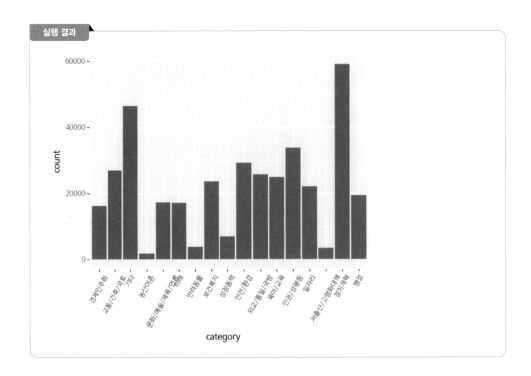

다시 그려진 그래프를 보니 한글이 잘 나온다. 이제 투표를 많이 받은 범주를 시각화해 보자. coord_flip을 사용해 x축과 y축을 바꿔 본다.

```
(ggplot(petitions)
+ aes(x='category', y='votes')
+ geom_col(fill='skyblue')
+ ggtitle('카테고리별 투표수')
+ coord_flip()
+ theme(text=element_text(family=font_family))
)
```

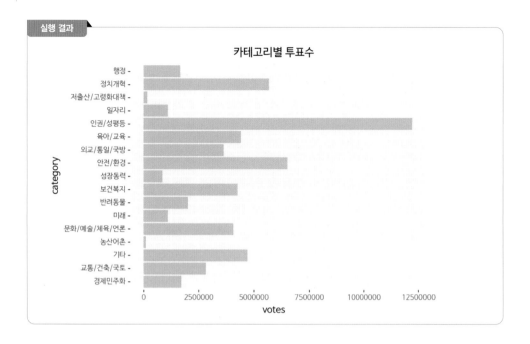

두 그래프를 비교해 보면 앞의 빈도 분석에서 살펴본 것과 같이 청원이 가장 많은 분야는 정치개혁, 투표를 가장 많이 받은 청원은 인권/성평등이다.

이번에는 투표를 가장 많이 받은 범주인 인권/성평등에서 투표를 많이 받은 순으로 출력해 보자. 여기서는 지면 관계상 2개의 청원만 살펴보겠으나, 충분히 많은 양을 보는 것이 좋으므로 실제로는 [:2]를 [:10] 등으로 수정해서 관심 있는 범주를 찾아보기를 추천한다.

```python
# 투표를 가장 많이 받은 카테고리인 인권/성평등에서 투표를 많이 받은 순으로 보기
human = petitions.loc[(petitions['category']=='인권/성평등')]
human.sort_values('votes', ascending=False)[:2]
```

article_id	start	end	answered	votes	category	title	content	answer	duration
230552	2018-05-11	2018-06-10	1	419006	인권/성평등	여성도 대한민국 국민입니다. 성별 관계없는 국가의 보호를 요청합니다.	최근 홍대 누드크로키 모델의 불법촬영 사건이 있었습니다.₩n사건은 굉장히 빠르게 처...	True	30 days
426834	2018-10-31	2018-11-30	0	416093	인권/성평등	132cm, 31kg의 왜소한 50대 여성이 180cm가 넘는 건장한 20세 남성에...	http://m.news1.kr/articles/?3464603₩n관련 기사입니다....	True	30 days

인권/성평등에서 가장 많은 투표를 받은 홍대 누드크로키 모델과 관련한 내용은 연합뉴스 기사[8]를 참고하면 홍익대 인체 누드크로키 수업에서 남성 모델의 나체 사진을 찍어 유포한 혐의와 관련한 청원으로 보인다. 이 책은 데이터 분석을 돕기 위한 책이므로 데이터의 결과와 해석에 대해서는 깊게 다루지 않지만 이 데이터로 결과 보고서를 써야 하는 상황이라면 분석가의 견해를 덧붙이거나 추가 자료가 필요할 것이다.

다음으로 일별 투표수를 시각화해 본다. 투표율의 증감 추이를 그래프로 그리기 위해 groupby( ) 함수로 시작일(start)로부터 투표수(votes)를 구하고, reset_index( )로 원하는 인덱스를 변수로 사용할 수 있도록 한다. (국민청원은 2017년 8월 19일 청와대 홈페이지를 '국민소통플랫폼'으로 개편하면서 신설되었으므로, 이때를 시작일로 한다.)

```
petition_votes = petitions.groupby(['start'])['votes'].sum().reset_index()
petition_votes.columns = ['start', 'votes']
petition_votes.head()
```

실행 결과

	start	votes
0	2017-08-19	20703
1	2017-08-20	31710
2	2017-08-21	1884
3	2017-08-22	2607
4	2017-08-23	13446

이제 ggplot의 geom_point( ) 함수를 이용해서 날짜별 투표수를 시각화해 보자. geom_point( )는 선 그래프를 그리는 함수로 날짜별 증감 추이를 보기에 적당하다. x축에는 날짜, y축에는 투표수가 나오도록 하자.

```
(ggplot(petition_votes)
 + aes(x='start', y='votes')
 + geom_point()
 + geom_line(color='blue')
 + labs(x='날짜', y='투표수', title='일별 투표수')
```

---

8 https://www.yna.co.kr/view/AKR20181220061500004?section=search

```
  + theme(text=element_text(family=font_family),
       figure_size=(12,6),
       axis_text_x=element_text(rotation=60)
)
```

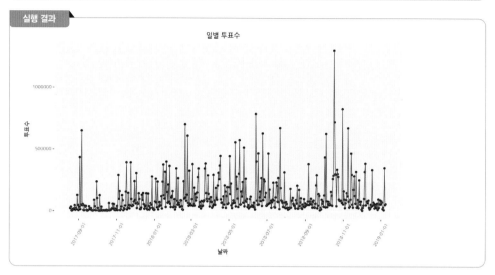

앞에 날짜별 빈도 분석에서 본 것처럼 2018년 10월 17일에 투표가 가장 많았기 때문에 일별
투표수에서도 가장 높게 나타나는 것을 확인할 수 있다.

```
petition_votes[petition_votes['votes'] > 1000000]
```

	start	votes
424	2018-10-17	1300523

이번에는 투표의 내용을 살펴보자. ['start'] == '2018-10-17'이면서 동시에 1,000,000
명 이상이 투표한 청원의 내용을 살펴보자. 그러면 2018년 10월 17일에 가장 투표가 많았던
청원 내용은 서울 강서구 PC방 살인 사건임을 알 수 있다.

```
petitions[(petitions['start'] == '2018-10-17') &
         (petitions['votes'] > 1000000)]
```

article_id	start	end	answered	votes	category	title	content	answer	duration
408609	2018-10-17	2018-11-16	0	1192049	안전/환경	강서구 피시방 살인 사건. 또 심신 미약 피의자 입니다.	2018년 10월 14일 엊그제 일어난 강서구 피시방 살인사건에 대한 청원입니다.₩...	True	30 days

LESSON 05

soynlp로 워드클라우드 그리기

KOREAN TEXT ANALYSIS FOR EVERYONE

이 절에서는 soynlp[9]로 시각화 도구 중 하나인 워드클라우드를 그려 보겠다. soynlp는 파이썬만으로 작성된 한국어 분석 도구로 비지도학습을 지향한다. 기존 형태소 분석기에 비해 신조어를 대응할 수 있도록 만들어졌으며 파이썬으로만 되어 있기 때문에 설치 문제를 줄일수 있다.

앞서 사용한 KoNLPy는 파이썬에서 다른 언어(JAVA, C++ 등)로 만들어진 형태소 분석 도구를 사용할 수 있게 만든 도구라 다른 언어에 의존성이 있다. 그래서 로컬 PC 환경에 설치할 때 다른 프로그래밍 언어의 버전 호환성이 맞지 않으면 설치할 때 어려울 수 있는데, 그런 면에서 soynlp는 설치에 대한 부담을 줄여 준다.

1 라이브러리와 데이터

■ 라이브러리 설치하기

필요한 라이브러리를 설치해 보자. 먼저 pip로 soynlp를 설치하고 pip show로 라이브러리에 대한 정보를 얻는다. soynlp가 이미 설치되어 있다면 이 단계는 건너뛰어도 좋다. 워드클라우드를 그리기 위해 'wordcloud'를 설치하고, 한글이 깨지는 것을 방지하기 위해 'koreanize-matplotlib'도 설치한다.

---

9 Soynlp를 더 자세히 알고 싶다면 다음 링크를 참고할 수 있다(https://github.com/lovit/soynlp). 관련 발표는 PyCon Korea의 '김현중: 노가다 없는 텍스트 분석을 위한 한국어 NLP'에서 참고할 수 있다(https://www.youtube.com/watch?v=dxkbvZmbLWc&t=5s).

```
!pip install soynlp
!pip show soynlp
!pip install wordcloud
!pip install koreanize-matplotlib
```

```
Name: soynlp
Version: 0.0.45
Summary: Unsupervised Korean Natural Language Processing Toolkits
Home-page: https://github.com/lovit/soynlp
Author: Lovit
Author-email: soy.lovit@gmail.com
License: UNKNOWN
Location: /Users/corazzon/jupyter/lib/python3.10/site-packages
Requires: psutil, numpy
(⋯)
```

■ 라이브러리 불러오기

판다스, 넘파이, 정규표현식을 사용하기 위한 re를 불러온다. 그리고 그래프에 한글 폰트를
사용할 것이므로 koreanize_matplotlib도 불러온다.

```
import pandas as pd
import numpy as np
import re
import koreanize_matplotlib
import os
import platform

# 그래프에 retina display 적용
%config InlineBackend.figure_format = 'retina'
```

■ 데이터 불러오기

데이터를 판다스 데이터 프레임 형태로 불러온다. 여기서도 구글 로그인 인증을 허용해야
한다. 이전과 마찬가지로 "Colaboratory Runtimes에서 내 Google 계정에 액세스하려고 합니
다."라는 메시지가 뜨면 자신의 계정을 선택하고 허용한다.

```python
base_path = "data"
file_name = "petition.csv"
url ='https://drive.google.com/open?id=1d8VEAj6n83wT1YRlCrhoU_1mMSvYpXc4'

def file_exist_check(base_path, file_name):
    if os.path.exists(f"./{file_name}"):
        print(f"{os.getcwd()}/{base_path} 경로에 파일이 있음")
        return

    if not os.path.exists(base_path):
        os.makedirs(base_path)

    if platform.system() == "Linux":
        # 구글 드라이브에서 csv 파일을 읽어 오기 위해 gauth 인증하기
        !pip install -U -q PyDrive
        from pydrive.auth import GoogleAuth
        from pydrive.drive import GoogleDrive
        from google.colab import auth
        from oauth2client.client import GoogleCredentials

        auth.authenticate_user()
        gauth = GoogleAuth()
        gauth.credentials = GoogleCredentials.get_application_default()
        drive = GoogleDrive(gauth)

        id = url.split('=')[1]
        downloaded = drive.CreateFile({'id':id})
        downloaded.GetContentFile(f'{base_path}/{file_name}')
        print(f"사용자의 구글 드라이브에 {base_path}/{file_name} 다운로드 완료")
    else:
        print(f"{url} 에서 다운로드해 실습 경로 {os.getcwd()}/{base_path}에 옮겨
주세요.""")
        return

file_exist_check(base_path, file_name)
```

데이터가 들어왔다면 petition.csv 파일을 판다스 데이터 프레임 형태로 읽는다.

```
df = pd.read_csv(f"{base_path}/petition.csv", index_col="article_id",
                         parse_dates=['start', 'end'])
df.shape
```

자신의 관심사에 맞는 단어로 데이터를 가져오려면 파이썬에서 re(정규식) 모듈에서 제공하는 match() 함수를 사용하면 된다. match() 함수는 문자열이 정규식에서 지정된 패턴과 일치하는지 확인하기 위해 처음부터 문자열을 검색한 후 일치하는 단어를 반환한다. 이 책에서는 '돌봄, 육아, 초등, 보육' 등의 키워드가 들어 있는 타이틀을 추출해 보자. 추출하려는 단어가 여러 개이므로 '|'를 사용해 찾으려는 단어를 병렬로 나열하고, MULTILINE으로 옵션을 지정해 전체 라인에서 키워드가 있는 청원을 가져오게 했다.

```
p = r'.*(돌봄|육아|초등|보육).*'
care = df[df['title'].str.match(p) |
          df['content'].str.match(p, flags=re.MULTILINE)]
care.shape
```

head(2)로 미리 보기를 해서 데이터가 잘 들어왔는지 확인한다.

```
care.head(2)
```

article_id	start	end	answered	votes	category	title	content
24	2017-08-19	2017-08-26	0	53	일자리	공공기관 무조건적인 정규직 전환을 반대합니다.	현정부에서 정규직 일자리를 늘리는 것에 찬성합니다. 그런데 공공기관 비정규직들은 인...
36	2017-08-19	2017-08-26	0	1	인권/성 평등	한국채식인구 100만명. 학교 급식 및 군대에서 현미채식 선택권을 보장해주십시오!	문재인 대통령님과 각 정부 인사분들께 마음속 깊이 존경과 감사를 표합니다. 대한민국...

샘플로 보고 싶은 인덱스의 번호로 특정 데이터의 타이틀과 내용을 확인할 수 있다.

```
sample_index = 24

sample_title = care.loc[sample_index, 'title']
sample_title
```

공공기관 무조건적인 정규직전환을 반대합니다.

지면 관계상 일부 내용을 생략했지만 다음 코드로 샘플의 전체 내용을 확인할 수 있다.

```
sample_content = care['content'][sample_index]
sample_content
```

현정부에서 정규직 일자리를 늘리는 것에 찬성합니다. 그런데 공공기관 비정규직들은 인맥으로 들어온 경우가 많습니다. 자질이 안되는데도 정규직이 된다면 그 피해는 국민들에게 돌아갈 것입니다. 현재 공공기관 정규직들은 100대1의 경쟁률을 뚫고 [후략]

2 토큰화

관심사에 맞는 데이터를 가져왔다면, 띄어쓰기(공백)를 기준으로 나누어 준다. 앞에서 배웠듯이 이를 토큰화라고 한다. soynlp에서 제공하는 RegexTokenizer를 토크나이저로 사용하겠다.

```
from soynlp.tokenizer import RegexTokenizer

tokenizer = RegexTokenizer()
tokenizer
```

실행 결과

```
<soynlp.tokenizer._tokenizer.RegexTokenizer at 0x124aa7e48>
```

토큰된 결과를 tokened_title에 할당해서 보면 띄어쓰기를 기준으로 잘 나누어진 것을 확인할 수 있다.

```
tokened_title = tokenizer.tokenize(sample_title)
tokened_title
```

실행 결과

```
['공공기관', '무조건적인', '정규직전환을', '반대합니다', '.']
```

마찬가지로 content도 띄어쓰기를 기준으로 토큰을 나눈다.

```
tokened_content = tokenizer.tokenize(sample_content)
tokened_content[:20]
```

실행 결과

```
['현정부에서',
 '정규직',
 '일자리를',
 '늘리는',
 '것에',
 '찬성합니다',
```

```
'.',
'그런데',
'공공기관',
'비정규직들은',
'인맥으로',
'들어온',
'경우가',
'많습니다',
'.',
'자질이',
'안되는데도',
'정규직이',
'된다면',
'그']
```

타이틀과 내용에 토큰 개수를 알아보자. len( )으로 개수를 세서 print( )하면 title에는 5개, content에는 125개 항목이 있음을 알 수 있다.

```
print(len(tokened_title))
print(len(tokened_content))
```

실행 결과

```
5
125
```

 ## 3 텍스트 데이터 전처리

워드클라우드를 그리기 전에 전처리해 준다. 줄을 바꾸기 위해 사용된 개행 문자는 시각화할 때 불필요한 정보이므로 제거한다(정규표현식(regular expression)에서는 \n이 개행 문자(enter)를 의미한다. 윈도우에서는 ₩으로 보일 수 있다). 그 외에 한글과 영문자가 아닌 불필요한 문자들도 삭제한다.

그러면 다음을 사용해 순서대로 코드를 작성해 보자.

1. `str.replace()` 메서드: 시리즈의 각 문자열에서 하위 문자열을 대체하는 데 사용한다. `"[^ㅎ-ㅏ-힣-가-ㅣa-zA-Z]"`는 대체할 패턴으로 한글과 영문자 알파벳의 대문자와 소문자 전체를 의미한다.

2. `" "`: 일치 항목을 대체하는 데 사용할 문자열이다. 앞에서 찾은 개행 문자와 한글과 알파벳을 제외한 문자는 공백 문자로 치환한다.

3. `regex=True`: 위에서 지정한 정규식 패턴을 사용할 것임을 지정한다. 이를 통해 각 문자열에 지정된 변환을 수행하고 새 시리즈는 `content_text` 변수에 다시 할당된다.

```
content_text = care['content'].str.replace("\\\\n", " ", regex=True)
content_text = content_text.str.replace("[^ㄱ-ㅎㅏ-ㅣ가-힣 a-zA-Z]", " ",
regex=True)
```

위 코드를 실행해 개행 문자 및 국어 또는 영어가 아닌 문자를 제거하고 공백으로 대체했다. 이제 데이터를 분석할 때 더 쉽게 경향성을 발견할 수 있을 것이다. head(2)로 개행 문자가 모두 삭제됐는지 두 줄 정도만 확인해 보자.

```
content_text.head(2)
```

실행 결과

article_id	
24	현정부에서 정규직 일자리를 늘리는 것에 찬성합니다 그런데 공공기관 비정규직들은 인...
36	문재인 대통령님과 각 정부 인사분들께 마음속 깊이 존경과 감사를 표합니다 대한민국...

각 article_id에 해당하는 문장이 한 줄로 표현되는 것을 확인할 수 있다. 이제 토큰별로 나누어 줄 차례다. apply() 함수를 사용해서 'content' 전체에 띄어쓰기(공백)를 기준으로 토큰화해 준다.

```
tokens = content_text.apply(tokenizer.tokenize)
tokens[:3]
```

article_id	
24	[현정부에서, 정규직, 일자리를, 늘리는, 것에, 찬성합니다, 그런데, 공공기관, ...
36	[문재인, 대통령님과, 각, 정부, 인사분들께, 마음속, 깊이, 존경과, 감사를, ...
45	[초등학교, 교사, 임용, 시험을, 수능, 시험, 처럼, 전국, 단위로, 실시하고난...

sample_index를 확인해도 각 문장을 토큰화해 공백이 있었던 어절 단위로 쉼표가 생성되어 있다.

```
tokens[sample_index][:10]
```

```
['현정부에서', '정규직', '일자리를', '늘리는', '것에', '찬성합니다', '그런데', '공공
기관', '비정규직들은', '인맥으로']
```

4 워드클라우드 그리기

이제 워드클라우드를 그려 보자. 바탕색을 흰색으로 지정하고(바탕색, 크기 등을 각각 지정할 수 있다), 고빈도로 등장하지만 내용을 파악하는 데 크게 영향을 주지 않는 단어들을 불용어 리스트로 지정해 제거한다.

```
!apt -qq -y install fonts-nanum
from wordcloud import WordCloud
import matplotlib.pyplot as plt

def display_word_cloud(data, width=1200, height=500):

    stopwords = ['하지만', '그리고', '그런데', '저는','제가',
                '그럼', '이런', '저런', '합니다',
                '많은', '많이', '정말', '너무']

    word_draw = display_word_cloud(
        font_path=r"/Library/Fonts/NanumGothic.ttf",
```

```
        width=width, height=height,
        stopwords=stopwords,
        background_color="white",
        random_state=42
    )
    word_draw.generate(data)

    plt.figure(figsize=(15, 7))
    plt.imshow(word_draw)
    plt.axis("off")
    plt.show()

    plt.show()
```

이제 display_word_cloud()로 워드클라우드를 그린다.

```
# display_word_cloud 함수 안에 font_path 위치 지정
font_path=r"/usr/share/fonts/truetype/nanum/NanumGothic.ttf"
display_word_cloud(' '.join(content_text))
```

출력 결과를 보면 '수'나 '및'과 같이 문서의 의미를 특징 짓지 않는 불용어가 너무 많다. 명사
만 추출하는 방식으로 다시 시각화해 보자.

5 **명사만 추출해 시각화**

데이터 특성을 반영한 핵심 의미를 한눈에 보기 어려운 단어들이 먼저 보인다면, soynlp에서 제공하는 명사 추출기인 'LRNounExtractor'를 통해 명사만 추출할 수 있다.[10]

```
from soynlp.noun import LRNounExtractor
```

train() 함수는 WordExtractor로 단어를 미리 추출하고, 이 중에서 명사를 판단하는 과정을 진행한다.

```
%%time
noun_extractor = LRNounExtractor(verbose=True)
noun_extractor.train(content_text)
nouns = noun_extractor.extract()
```

실행 결과

```
[Noun Extractor] used default noun predictor; Sejong corpus predictor
[Noun Extractor] used noun_predictor_sejong
[Noun Extractor] All 2398 r features was loaded
[Noun Extractor] scanning was done (L,R) has (149911, 73537) tokens
[Noun Extractor] building L-R graph was done
[Noun Extractor] 25598 nouns are extracted
```

이제 추출된 명사로 워드클라우드를 그려 보자. 텍스트가 많으면 실행이 오래 걸리기 때문에 %time을 추가해 워드클라우드를 그리는 데 소요되는 시간도 계산한다.

```
%time display_word_cloud(' '.join(nouns))
```

---

10 LRNounExtractor를 더 자세히 알고 싶다면 튜토리얼을 참고하기 바란다(https://github.com/lovit/soynlp/blob/master/tutorials/nounextractor-v1_usage.ipynb).

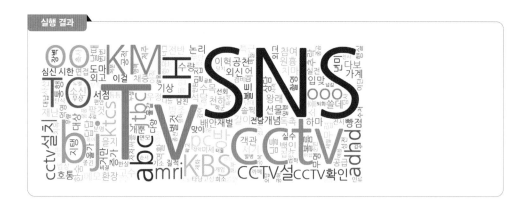

워드클라우드는 결과 그림처럼 주요 정보를 추출해 한눈에 볼 수 있다는 장점이 있는 반면 세분된 정보는 보기 어렵다는 단점도 있다. 따라서 키워드 추출 시각화나 개체명 시각화 등과 같은 곳에서 적절하게 사용해야 한다.

머신러닝으로 국민청원 데이터 이진 분류하기

KOREAN TEXT ANALYSIS FOR EVERYONE

이번에는 머신러닝을 사용해 국민청원 데이터를 이진 분류, 즉 청원의 응답 여부를 0과 1로 분류해 보자. 이 실습은 다음과 같이 지도학습 〉 범주형 〉 분류에 해당하며, 머신러닝 라이브러리인 사이킷런을 사용할 것이다.[11]

그림 6-5 | 학습 유형 도식화

	범주형	수치형
지도학습 Supervised Learning	분류 Classification	회귀 Regression
비지도학습 Unsupervised Learning	군집화 Clustering	차원 축소 Dimensionality Reduction

1 지도학습과 데이터 세트 분리

데이터 세트는 학습(training), 검증(validation), 시험(test)용으로 나누는 것이 일반적이다. 학습용과 검증용은 실제로 시험을 보러 가기 전에 얼마나 공부했는지 모의고사를 풀고 채점하는 것이다. 가령 문제가 10회분이 있다면 1~8회는 학습용으로 사용하고, 9회는 실전 모의

---

11 참고로 이 절의 머신러닝 진행 과정은 사이킷런을 개발한 안드레아스 뮐러(Andreas C. Müller)의 ODSCON 발표자료 (https://github.com/amueller/odscon-2015/blob/master/machine-learning-with-scikit-learn-odscon-expanded. pdf)에서 영감을 받아서 만들었으며 현재는 공식 문서에도 해당 내용으로 설명되어 있다.

고사용으로 풀고, 마지막 10회는 실제 시험인 셈이다. 따라서 데이터를 분리할 때는 학습, 검증, 시험 세트의 분포가 전체 데이터의 분포를 반영할 수 있도록 분리해야 한다.

데이터 크기가 너무 작다면 검증 세트를 생략하고 학습 세트와 시험 세트로만 구성할 수도 있다. 여기서는 국민청원이 들어 있는 텍스트 데이터의 70%를 학습에 사용하고, 30%는 예측, 즉 시험에 사용할 것이다. 이를 통해 예측한 답이 얼마나 정확한지 알 수 있다.

그림 6-6 | 국민청원 텍스트 지도학습

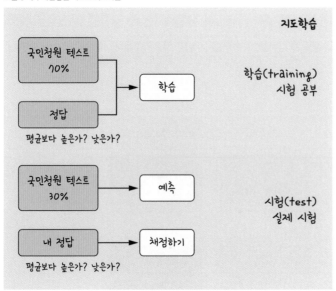

2 이진 분류 대상 정하기

데이터 분석 도구와 데이터는 앞에서 임포트한 것과 같다. 앞의 절과 같은 라이브러리와 데이터를 사용하므로 불러오는 과정은 생략한다. 여기서는 파이썬의 머신러닝 라이브러리인 사이킷런을 사용해서 응답 여부를 0과 1로 예측할 것이다.

우선 다음 코드를 실행해 전체 데이터 중 투표가 500건을 초과하는 데이터를 가져온 뒤, 그 중 20만 건 이상인 데이터는 제거한다. 이렇게 기준을 정한 이유는 500건 이하인 데이터는 개수가 많지만 일정한 경향을 발견하기 어렵고, 20만 건 이상인 데이터는 매우 적지만 이상치에 가까운 큰 수이기 때문에 평균이 왜곡될 수 있기 때문이다.

```
petition_remove_outlier = petitions.loc[(petitions['votes'] > 500) &
                                        (petitions['votes'] < 200000)]
petition_remove_outlier.shape
```

실행 결과

```
(5109, 8)
```

데이터 프레임을 복사해서 df에 할당한다. 이렇게 하면 원본을 유지하고, 복사하지 않고 변수에 할당했을 때 참조점 때문에 오류가 나는 것을 방지할 수 있다.

```
df = petition_remove_outlier.copy()
```

describe( )로 빈도수(count), 평균(mean), 표준편차(std), 최솟값(min), 최댓값(max), 중앙값(50%), 사분위수 등을 확인한다.

```
df.describe()
```

실행 결과

	article_id	answered	votes
count	5109.000000	5109.0	5109.000000
mean	252208.264044	0.0	5674.709141
std	137485.014370	0.0	14334.261910
min	28.000000	0.0	501.000000
25%	145294.000000	0.0	771.000000
50%	242471.000000	0.0	1456.000000
75%	374255.000000	0.0	3794.000000
max	491954.000000	0.0	197343.000000

답변 여부(answered)에 대해 분류하기에는 표준편차가 너무 크고 모수가 적으므로, 투표수(votes)로 분석하겠다. 그 전에 답변 대상 데이터가 있는지 확인해 보자.

```
df.loc[df['answered'] == 1].shape
```

```
(0, 8)
```

20만 건 이상 투표한 데이터는 모두 제외했으므로, votes에서 답변 대상인 건은 0으로 잘 출력된다. 이제 도수 분포표를 시각화한 히스토그램(histogram)을 그려서 데이터의 분포를 확인해 보자.

```
%matplotlib inline
df['votes'].plot.hist()
```

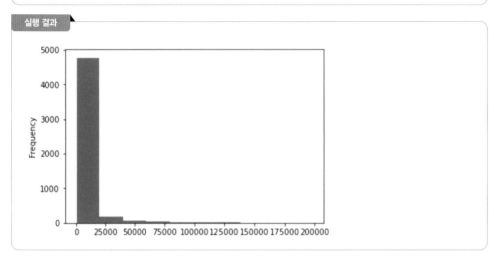

3 평균을 기준으로 투표수 예측하기

기본값을 0으로 설정한 후 평균 투표수를 구하고 투표수가 평균을 넘으면 1로 표기할 것이다.

```
df['votes_pos_neg'] = 0

votes_mean = df['votes'].mean()
votes_mean
```

```
5674.709140732041
```

평균은 5,674다. 이제 투표수가 평균을 넘는 데이터만 1로 다시 설정한다.

```
df['votes_pos_neg'] = (df['votes'] > votes_mean) == 1
```

변경한 후에 데이터 타입을 확인해 보면 논리형(bool)으로 되어 있다.

```
df['votes_pos_neg'].dtypes
```

```
dtype('bool')
```

평균을 넘으면 1이 출력되도록, astype을 이용해 참, 거짓의 논리형(bool)에서 정수형(int)으로 변경한다. 또한, 값을 보기 위해 votes_pos_neg 열을 새로 하나 만들어 준다.

```
df['votes_pos_neg'] = df['votes_pos_neg'].astype(int)
```

'votes', 'votes_pos_neg'를 .head()로 살펴보자.

```
df[['votes', 'votes_pos_neg']].head()
```

	votes	votes_pos_neg
7	2137	0
13	679	0
21	11293	1
24	1933	0
28	1251	0

평균이 5,674인데, 21번의 votes_pos_neg 값은 11,293으로 더 높게 나왔다. 추가로 분석한다면 중위수로 해 보는 것도 의미가 있을 것이다.

더 구체적인 내용을 보기 위해 인덱스의 번호를 넣어 내용을 확인해 보자. 내용을 확인하면
전처리 방식 등에 대한 힌트를 얻을 수 있으므로 여러 번 샘플을 보는 것이 좋다.

```
# 샘플로 보고 싶은 인덱스의 번호를 넣자.
sample_index = 13

sample_title = df.loc[sample_index, 'title']
sample_title
```

실행 결과

『 국가유공자 등 예우 및 지원에 관한법률 』상 「 6.25전몰군경 자녀수당 」의 불합리한 문제점
개선 청원

```
sample_content = petitions.loc[sample_index, 'content']
sample_content
```

실행 결과

(현황)\\n우리들 아버지께서는 67여년전 북의 남침으로 조국이 위기에 처했을 때 젊은 목숨을
바쳐 대한민국을 지켜내는데 헌신했습니다. 우리들 대부분의 아버님들 중 12만위는 전쟁 후 지
금껏 유해도 수습 못했고 릃日도 제대로 알지 못하지만 오직 국가유공자의 자녀라는 자긍심으로
[후략]

 4 전처리하기

샘플 데이터를 확인한 뒤에는 전처리해 준다. 앞에서 함수로 만들어 둔 전처리 코드를 사용
해 개행 문자, 불용어 등을 제거한다. 같은 코드이므로 여기서는 생략한다. 깃허브 코랩 파
일 중에서 6.3. 국민청원 투표수 이진 분류.ipynb의 '전처리하기' 부분에 전처리 코드가 나와
있으니 참고하기 바란다.

5 학습 세트와 시험 세트 만들기

전처리가 끝난 데이터로 학습 데이터 세트와 시험 데이터 세트를 분리하자. 학습 세트와 시험 세트는 7:3 비율로 나눠 줄 것이다. 나누기 전에 분석할 데이터를 확인해 보자.

```
df.shape
```

실행 결과

```
(5109, 11)
```

총 5,109개 행과 11개 열로 되어 있다. 국민청원 데이터 세트 출처에는 더 많은 데이터가 있기 때문에 분석할 데이터를 늘리면 정확도를 더 높일 수 있다.

■ 학습 데이터 세트 만들기

이 책에서는 5,109개의 70%인 3,576개를 학습 데이터로 사용하겠다.

```
split_count = int(df.shape[0] * 0.7)
split_count
```

실행 결과

```
3576
```

split_count 변수를 기준으로 7:3의 비율로 데이터를 나눈다.

```
df_train = df[:split_count].copy()
df_train.shape
```

실행 결과

```
(3576, 11)
```

나눈 뒤에는 head()와 tail()로 내용을 확인한다. head()나 tail()의 기본값은 5개이나, 그 이상 충분히 확인하는 것이 좋다. 이 책에서는 한 줄의 행이 한 페이지 이상 길게 나열되는 문제 때문에 가장 뒤에 2줄만 출력되도록 명시적으로 괄호 안에 2를 넣었다.

```
df_train.tail(2)
```

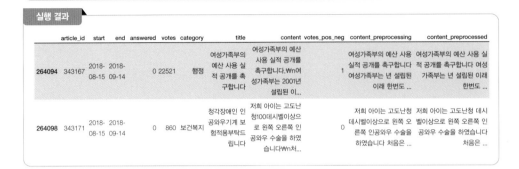

	article_id	start	end	answered	votes	category	title	content	votes_pos_neg	content_preprocessing	content_preprocessed
264094	343167	2018-08-15	2018-09-14	0	22521	행정	여성가족부의 예산 사용 실적 공개를 촉구합니다	여성가족부의 예산 사용 실적 공개를 촉구합니다.Wn여성가족부는 2001년 설립된 이...	1	여성가족부의 예산 사용 실적 공개를 촉구합니다 여성가족부는 년 설립된 이래 한번도 ...	여성가족부의 예산 사용 실적 공개를 촉구합니다 여성가족부는 년 설립된 이래 한번도 ...
264098	343171	2018-08-15	2018-09-14	0	860	보건복지	청각장애인 인공와우기계 보험적용부탁드립니다	저희 아이는 고도난청100데시벨이상으로 왼쪽 오른쪽 인공와우 수술을 하였습니다Wn처...	0	저희 아이는 고도난청 데시벨이상으로 왼쪽 오른쪽 인공와우 수술을 하였습니다 처음은 ...	저희 아이는 고도난청 데시벨이상으로 왼쪽 오른쪽 인공와우 수술을 하였습니다 처음은 ...

shape로 학습 세트에서 평균보다 투표수가 많은 건의 개수를 확인해 보자.

```
df_test.loc[df_test['votes_pos_neg'] == 1].shape
```

```
(671, 11)
```

■ 시험 데이터 세트 만들기

split_count를 기준(아래에서 30% 개수)으로 시험 데이터를 사용한다.

```
df_test = df[split_count:].copy()
df_test.shape
```

```
(1533, 11)
```

shape로 시험 세트에서 평균보다 투표수가 많은 건의 개수를 확인해 보자.

```
df_test.loc[df_test['votes_pos_neg'] == 1].shape
```

```
(273, 11)
```

6 단어 벡터화하기

단어 벡터화는 4장에서 다룬 사이킷런의 CountVectorizer()를 사용할 것이다. CountVectorizer() 모듈은 토큰이 문서별로 몇 번 등장했는지 행렬로 정리해 준다.

❶ analyzer = 'word': 낱글자(char)와 어절(word) 단위에서 선택할 수 있다. 이번 예제는 띄어쓰기로 구분할 것이므로 어절을 선택한다.

❷ tokenizer = None: 토크나이저와 전처리 도구를 따로 지정하지 않을 때는 기본값인 None으로 둔다.

❸ min_df = 2: 토큰이 나타날 최소 문서 개수다. 오타나 자주 나오지 않는 특수한 전문 용어를 제거하기에 좋다.

❹ ngram_range: BOW의 단위를 지정할 수 있는데 이번 예제에서는 1~3개로 지정했다.

❺ max_features: 만들 피처의 수를 말한다. 피처는 단어를 의미하므로 max_features로 최대 단어 수를 지정할 수 있다.

```python
from sklearn.feature_extraction.text import CountVectorizer

vectorizer = CountVectorizer(analyzer = 'word', # 어절 기준 벡터화          ─❶
                             tokenizer = None, # 토크나이저              ─❷
                             preprocessor = None, # 전처리 도구
                             stop_words = None,  # 불용어
                             min_df = 2, # 최소 문서 개수                ─❸
                             ngram_range=(1, 3), # BOW의 단위            ─❹
                             max_features = 2000 # 피처의 수             ─❺
                             )
vectorizer
```

실행 결과

```
CountVectorizer(max_features=2000, min_df=2, ngram_range=(1, 3))
```

벡터화가 끝나면 fit_transform()으로 학습 데이터를 TF-IDF로 정규화한다. fit(), transform()과 fit_transform()을 구분해서 작업한다(fit(), transform()과 fit_ transform( )의 차이는 4.1절의 설명을 참고하기 바란다). 여기서는 fit_transform( )으로 단어 사전을 학습하고 단어와 문서 행렬을 반환한다. 이번에도 %%time으로 작업하는 데 걸리는 시간을 확인해 보자.

```
%%time
train_feature_vector = vectorizer.fit_transform(df_train['content_preprocessed'])
train_feature_vector.shape
```

실행 결과

```
CPU times: user 12.7 s, sys: 1.22 s, total: 13.9 s
Wall time: 13.9 s
(3576, 2000)
```

시험 데이터에는 .transform( ) 함수를 쓴다는 점에 주의하자.

```
%%time
test_feature_vector = vectorizer.transform(df_test['content_preprocessed'])
test_feature_vector.shape
```

실행 결과

```
CPU times: user 6.38 s, sys: 135 ms, total: 6.52 s
Wall time: 6.52 s
(1533, 2000)
```

특성 벡터(feature vector)가 출력됐다. 벡터값은 사람이 보기에 그 의미를 직관적으로 알기 어렵다. 학습과 시험 데이터 세트 모두 판다스의 데이터 프레임 형태로 반환된 희소 행렬을 출력한 뒤, get_feature_names_out( )을 사용해서 단어-문서 행렬에 등장하는 순서대로 단어 사전을 반환하자. 그러면 문서에 등장하는 단어의 빈도수를 알 수 있을 것이다.

```
vocab = vectorizer.get_feature_names_out()
print(len(vocab))
vocab[:10]
```

```
2000
array(['aid', 'and', 'article', 'articleview', 'articleview html',
       'articleview html idxno', 'cctv를', 'co', 'co kr', 'co kr news'],
      dtype=object)
```

sum( )으로 데이터에 등장하는 단어들의 합을 구할 수 있다. axis=0으로 해서 열 방향으로 합을 구하고, 단어와 빈도로 짝지어진 표를 출력해 보자(축의 방향에 대한 설명은 5.8절을 참고하기 바란다).

```
dist = np.sum(train_feature_vector, axis=0)

pd.DataFrame(dist, columns=vocab)
```

	aid	and	article	articleview	articleview html	articleview html idxno	cctv 를	co	co kr	co kr news	…	후 에	훨 씬	희 망 을	힘 든	힘 들 게	힘 들 어	힘 듭 니 다	힘 없 는	힘 을	힘 이
0	123	100	77	108	84		84	58	264	256	116	…	75	128	81	210	129	60	55	53	119	95

1 rows × 2000 columns

문서에 등장하는 단어의 빈도수를 판다스의 데이터 프레임 형태로 찾아봤다. 이제 TfidfTransformer( )를 사용해서 벡터 기반 머신러닝을 할 수 있는 준비가 되었다.

7 TF-IDF 가중치 적용하기

TF-IDF 가중치를 적용해 보자. TfidfTransformer를 불러와서 transformer라는 변수로 지정하고 재사용할 것이다.

```
from sklearn.feature_extraction.text import TfidfTransformer
transformer = TfidfTransformer(smooth_idf=False)
transformer
```

```
TfidfTransformer(smooth_idf=False)
```

fit_transform( )으로 가중치를 적용하고 feature_tfidf로 결과를 받는다. 자세한 내용은 5.1절과 5.2절에서 참고할 수 있다.

```
%%time
train_feature_tfidf = transformer.fit_transform(train_feature_vector)
train_feature_tfidf.shape
```

```
CPU times: user 20.5 ms, sys: 475 μs, total: 21 ms
Wall time: 30.6 ms
(3576, 2000)
```

```
%%time
test_feature_tfidf = transformer.transform(test_feature_vector)
test_feature_tfidf.shape
```

```
CPU times: user 13.1 ms, sys: 206 μs, total: 13.3 ms
Wall time: 13.9 ms
(1533, 2000)
```

 8 ## LightGBM으로 학습시키기

LightGBM은 머신러닝에 사용되는 그레이디언트 부스팅(Gradient Boosting) 프레임워크 중 하나다. 의사 결정 트리(decision tree) 알고리즘을 기반으로 상대적으로 약한 학습기를 취합해 의사 결정함으로써 모델 손실을 최소화한다. 그중에서도 LightGBM은 이전 모델에 비해 속도가 빠르고 확장성이 높으며 적은 데이터 세트에도 비교적 강건하게 적용할 수 있기 때문에 자주 쓰인다.[12]

---

12 공식 문서 참고: https://lightgbm.readthedocs.io/en/latest/index.html

주의할 것은 랜덤 포레스트를 model 변수에 할당한 상태에서 LightGBM을 다시 모델에 할당하면 LightGBM으로만 동작하기 때문에 각각 전 과정에 대해 돌려 봐야 성능을 비교해 볼 수 있다는 것이다.

> **TIP**
> 코랩에는 LightGBM이 기본으로 설치되어 있지만 로컬에서 실습할 때는 따로 설치해야 한다. 아나콘다 환경을 사용한다면 코랩 명령으로 설치하고, pip 환경을 사용한다면 pip install lightgbm 명령어로 설치한다. 그러나 LightGBM은 파이썬 API를 제공하는 라이브러리로 내부가 파이썬으로 구현되지 않았기 때문에 pip로 설치할 경우 관련 환경이 갖춰지지 않으면 오류가 발생할 확률이 높다. 초보자라면 conda 명령어인 conda install -c conda-forge lightgbm을 사용해 설치하는 것을 권장한다.

이제 LGBMClassifier를 사용해서 fit으로 모델을 학습한 후 accuracy_score로 성능을 평가해 보자.

```
from lightgbm import LGBMClassifier

model = LGBMClassifier(random_state=42, n_jobs=1)
model
```

실행 결과

```
LGBMClassifier(random_state=42)
```

모델이 학습할 수 있도록 정답이 있는 값인 y_label을 넣어 준다. 학습하는 데 시간이 걸릴 수 있으므로 %time을 사용해 시간을 측정한다.

```
y_label = df_train['votes_pos_neg']
%time model = model.fit(train_feature_tfidf, y_label)
```

실행 결과

```
CPU times: user 9.01 s, sys: 60 ms, total: 9.07 s
Wall time: 9.1 s
```

시간에 대한 출력 결과는 상황에 따라 달라질 수 있지만 CPU times를 출력했다면 학습이 잘 끝난 것이다. 이제 평가만 남았다.

9 평가하기

분류 문제의 정답을 얼마나 맞혔는지를 의미하는 정확도(accuracy)로 평가해 보자. 만약 값이 0.79라면 전체 문제를 100개라고 봤을 때 79개를 맞혔다는 뜻이다.

정확도를 구하는 방법은 정답값과 예측값이 같은지를 비교해 그 값의 평균을 계산하면 된다. 즉, 정답값과 예측값이 같다면 True, 다르다면 False이며 이 값의 평균이 정답의 비율이다. 만약 모든 값을 다 맞혔다면 1, 다 틀렸다면 0이다.

```python
from sklearn.model_selection import KFold
from sklearn.model_selection import cross_val_score

k_fold = KFold(n_splits=5, shuffle=True, random_state=42)

scoring = 'accuracy'
score = cross_val_score(model, train_feature_tfidf,
                        y_label, cv=k_fold, n_jobs=-1,
                        scoring=scoring)
score
```

실행 결과

```
array([0.79329609, 0.80979021, 0.8041958 , 0.77762238, 0.78321678])
```

정답의 비율을 백분위 수로 보고 싶다면, 다음과 같이 100을 곱해 0에서 100 사이의 값으로도 볼 수 있다.

```python
round(np.mean(score)*100, 2)
```

실행 결과

```
79.36
```

결과는 79점이다. 이제 시험 데이터를 넣어서 예측해 보자.

10 예측하기

시험 데이터를 넣어서 예측할 차례다. predict() 메서드를 통해 시험 데이터의 텍스트가 어떤 분류에 속하는지 예측한다.

```
y_pred = model.predict(test_feature_tfidf)
y_pred[:10]
```

실행 결과

```
array([0, 0, 0, 0, 0, 0, 0, 0, 1, 0])
```

y_pred.shape로 확인해 보면 이전과 마찬가지로 1,533개다.

```
y_pred.shape
```

실행 결과

```
(1533,)
```

예측 결과를 데이터 프레임에 담아 준다.

```
output = pd.DataFrame(data={'votes_pos_neg_pred':y_pred})
output.head()
```

실행 결과

	votes_pos_neg_pred
0	0
1	0
2	0
3	0
4	0

국민청원 답변 여부에 대한 이진 분류 결과인 0과 1이 어떻게 집계됐는지 확인한다. 총 1,533개 데이터 중에 1,480개가 0에 속하고 53개가 1에 속한다는 것을 알 수 있다.

```
output['votes_pos_neg_pred'].value_counts()
```

```
0    1480
1      53
Name: votes_pos_neg_pred, dtype: int64
```

 ## 11 예측 결과의 정확도 평가하기

예측 결과의 정확도를 통해 학습이 잘 되었는지 평가해 보자. 시험 공부에 비유해 보면,

1 | 기출 문제를 모은다.

2 | 공부한다.

3 | 시험을 본다.

2번 단계에서 여러 전략이 있을 것이다. 기출 문제를 모두 외워버리는 것도 방법이나, 더 괜찮은 전략으로는 기출 문제 중 일부를 임의로 뽑아내서 공부(학습)하고, 나머지 기출 문제를 풀어 보면서 내가 얼마나 잘 푸는지 평가(학습 성과를 검증)해 보는 방법이 있다. 잘 푼다 싶으면(정확도가 높으면) 시험을 볼 준비가 된 것이다. 기출 문제를 몽땅 외우면 기출 문제 안에서는 100점을 받겠지만(과적합, overfitting), 실제 시험에서도 100점을 받을 것이라고 기대하기는 어렵다.

우선 정확히 예측했는지 확인해 보자. 정답값인 votes_pos_neg 변수에서 예측값인 votes_pos_neg_pred 변수의 값을 빼서 절대값을 구하는 함수 np.abs()에 적용한 결과를 확인한다.

```
df_test['pred_diff'] = np.abs(df_test['votes_pos_neg'] - df_test['votes_pos_
neg_pred'])
df_test[['title', 'votes', 'votes_pos_neg', 'votes_pos_neg_pred', 'pred_
diff']].head(2)
```

	title	votes	votes_pos_neg	votes_pos_neg_pred	pred_diff
264134	동탄1 신도시의 동탄트램1호선, 동탄트램2호선을 유지해 착공해주세요	724	0	0	0
264152	어린이집학부모 모니터링과 평가인증 없애야한다고 생각합니다 .	507	0	0	0
264489	국방부 "해안 · 강 경계철책 300㎞ 중 절반 단계적 철거" 대한민국 안전을 위협합니다.	558	0	0	0
264534	인천 미추홀구(남구) 악취로 인해 못살겠습니다~	1322	0	0	0
264652	시민단체수준인 여가부 폐지를 청원합니다	1371	0	0	0

이제 예측 결과와의 차이(pred_diff)를 비교해 보자. 이때는 판다스의 .value_counts()를 사용한다. value_counts()는 열에 있는 각 값에 대한 발생 횟수를 알려 준다.

```
pred_diff = df_test['pred_diff'].value_counts()
pred_diff
```

```
0    1227
1     306
Name: pred_diff, dtype: int64
```

값을 print()하면 출력 결과를 더 직관적으로 확인할 수 있다.

```
print(f"전체 {y_pred.shape[0]}건의 데이터 중 {pred_diff[0]}건 예측")
```

```
전체 1533건의 데이터 중 1227건 예측
```

전체 1,533건의 데이터 중 1,227건이 예측에 성공했으므로 약 80점이다. 백분위로 점수가 나오게 해 보자. 예측에 성공한 값(pred_diff[0])을 전체 데이터(y_pred.shape[0])로 나누고 100을 곱한다.

```
acc = (pred_diff[0] / y_pred.shape[0]) * 100
print(f'정확도 {acc:.6f}')
```

```
정확도 80.039139
```

점수는 80.04점으로 평가 때보다 약간 점수가 올랐다. 평가 데이터에 비해 예측 데이터의 성능이 좋은 것은 학습이 잘 되었다는 뜻이기도 하다. 이때 점수는 랜덤값을 어떻게 설정했냐에 따라 달라질 수 있고, 라이브러리의 버전 차이로 기본값 설정이 달라서 다른 값이 나올 수도 있다. 따라서 정확도가 예제와 다르다고 해서 당황하지 않아도 된다.

지금까지 국민청원 데이터로 이진 분류를 해 봤다. 국민청원 데이터의 범주 구분은 다른 데이터를 대상으로 이진 분류를 할 때도 응용할 수 있다. 성능 개선을 위한 방법을 스스로 모색해 본다면 (예를 들어 국민청원 데이터 중 기타로 분류됐으나 분류기가 다르게 예측한 청원을 확인해 보기 등) 좋은 학습이 될 것이다.

7장

'120다산콜재단'
토픽 모델링과
RNN, LSTM

들어가며

KOREAN TEXT ANALYSIS FOR EVERYONE

120다산콜재단은 2007년 다산콜센터로 시작한, 서울시의 행정 상담 민원 서비스로 365일 24시간 상담 서비스를 제공하고 있다. 여기서는 다산콜재단의 질문과 답변 데이터를 사용할 것이다. 자세한 소개는 홈페이지[1]를 참고하자.

이 장은 다음 두 가지 부분으로 구성되어 있다.

- '120다산콜재단' 데이터를 토픽별로 분석 시각화
- RNN, LSTM을 통한 모델링

먼저 잠재 디리클레 할당을 통한 토픽 모델링으로 분석하고, 토픽 모델링을 시각화해 주는 pyLDAvis를 이용해 시각화해 본다. 그리고 학습, 시험 데이터를 분리해 RNN으로 모델을 만들어 학습시켜 보겠다.

지금은 무슨 말인지 몰라도 괜찮다. 이 장에서 실습하면서 차차 알아갈 것이다. 문자 길이나 빈도 등에 대한 내용은 이전 장에서 다루었으므로 이 장에서는 생략하지만, 데이터 분석에 기본이 되는 내용이므로 미리 확인하고 토픽 모델링을 시작하는 것이 좋다.

---

1 https://www.120dasan.or.kr/dsnc/main/main.do

LESSON 01 분석 과정

분석 과정은 크게 다음 두 가지 순서로 진행한다.

1 | 머신러닝 방법인 잠재 디리클레 할당을 통한 토픽 모델링으로, 분석 순서는 다음과
같다.

- pyLDAvis를 이용한 시각화
- TF−IDF 잠재 디리클레 할당

2 | 토픽 모델링으로 데이터를 토픽별로 분류한 뒤, 딥러닝 방법 중 하나인 순환 신경망
(RNN) 모델로 학습해서 분류한다. 이 과정에서 다음 내용에 대해 알아볼 것이다.

- 데이터를 학습 데이터와 시험 데이터로 나누기
- 레이블값을 행렬 형태로 만들기
- 벡터화하기
- 예제 데이터를 시퀀스로 만들기
- 모델 만들기
- 모델 컴파일하기

잠재 디리클레 할당으로 토픽 분류하기

KOREAN TEXT ANALYSIS FOR EVERYONE

잠재 디리클레 할당(Latent Dirichlet Allocation, LDA)은 주어진 문서에 대해 각 문서에 어떤 주제(토픽)들이 있는지 서술하는 확률적 토픽 분류 기법 중 하나다.[2] 다시 말해 미리 알고 있는 주제별 단어 수 분포를 바탕으로, 주어진 문서에서 발견된 단어 수 분포를 분석함으로써 해당 문서가 어떤 주제들을 함께 다루고 있을지 예측한다.

그림 7-1 | 잠재 디리클레 할당의 그림 모형[3]

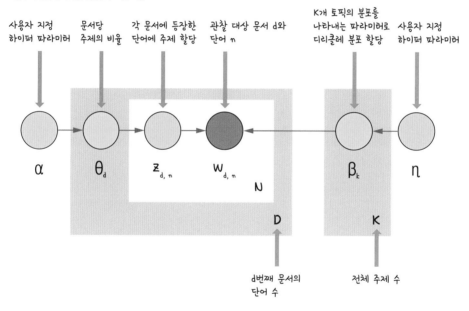

즉, 잠재 디리클레 할당(LDA)은 문서에 대한 범주의 연관성을 찾는 데 사용되는 확률론적 모델이며, 다음 두 가지 확률값을 사용해 문서를 군집화한다.

---

2 보편적인 정의는 'https://ko.wikipedia.org/wiki/잠재_디리클레_할당' 문서를 참고하기 바란다.

3 Blei and Laftery, 2009:74, 또는 Blei, 2012:7 논문을 참고하기 바란다.

- P(단어 | 주제): 특정 단어가 특정 주제와 연관될 확률. 이 첫 번째 확률 집합은 워드 X 주제 행렬로도 간주된다.
- P(주제 | 문서): 문서와 관련된 항목. 이 두 번째 확률 집합은 주제 X 문서 행렬로 간주된다.

확률값은 모든 단어, 주제 및 문서에 대해 계산된다.

라이브러리 설치 및 데이터 불러오기

이 장에서는 잠재 디리클레 할당(LDA) 모델의 학습 결과를 시각화하는 파이썬 라이브러리인 pyLDAvis를 사용한다. pyLDAvis가 설치되어 있지 않다면 pip로 설치해 준다.

```
# 사이킷런 의존성 문제로 아래 정해진 버전으로 실습하기를 추천한다.
!pip install -q scikit-learn==1.0.0
!pip install -U -q pyLDAvis==3.4.0
```

TIP
코랩에서 pyLDAvis를 설치한 후 제대로 동작하지 않거나 오류가 날 경우에는 런타임을 다시 실행하면 해결된다.

그림 7-2 | 런타임 다시 시작 실행

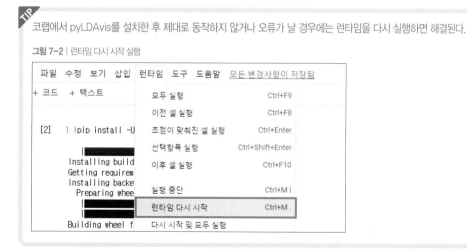

전처리 과정에 필요한 라이브러리를 임포트한다. 이전 장과 마찬가지로 데이터 분석을 위한 판다스와 수치 계산을 위한 넘파이를 불러온다. 그리고 전처리가 잘 되었는지 시각화해 확인하기 위해 시본을 불러온다. 시본은 맷플롯립 위에서 구동하므로 맷플롯립도 불러와 준비한다.

```python
import pandas as pd
import numpy as np
import seaborn as sns
import matplotlib.pyplot as plt
```

판다스 데이터 프레임 형태로 수집한 데이터 세트를 불러온다.

```python
df = pd.read_csv("https://bit.ly/seoul-120-text-csv")
df.shape
```

실행 결과

```
(2645, 5)
```

head( )로 미리 보기를 해서 데이터가 잘 들어왔는지 확인한다.

```python
df.head(3)
```

실행 결과

	번호	분류	제목	내용	내용번호
0	2645	복지	아빠 육아휴직 장려금	아빠 육아휴직 장려금 업무개요 남성근로자의 육아휴직을 장려하고 양육에 따른 경...	23522464
1	2644	경제	[서울산업진흥원] 서울메이드란?	서울산업진흥원 서울메이드란 서울의 감성을 담은 다양하고 새로운 경험을 제공하기 위해...	23194045
2	2643	환경	(강북구) 정비중	강북구 정비중 업무개요 투명 페트병을 교환보상하므로 수거율을 높이고 폐기물을 감...	23032485

결측치가 있을 수 있으므로 dropna( )로 제거한다.

```python
df = df.dropna()
df.shape
```

실행 결과

```
(2645, 5)
```

shape에 변화가 없는 것으로 보아 결측치가 없다고 생각되지만, isnull()을 사용해 결측치가 모두 제거됐는지 확실하게 확인한다.

```
df.isnull().sum()
```

실행 결과

```
번호        0
분류        0
제목        0
내용        0
내용번호      0
```

isnull()로 결측치를 확인하고, sum()으로 값을 모두 더한 결과 0이 나왔다. 이것으로 결측치가 없는 것을 확실히 확인할 수 있다.

이제 제목과 내용을 함께 사용해서 문서를 만들자. 제목과 내용을 +로 합쳐서 문서라는 파생 변수를 만든다. 합칠 때 중간에 " "로 공백을 추가해 준다.

```
df["문서"] = df["제목"] + " " + df["내용"]
```

2 단어 벡터화하기

단어의 벡터 표현에서는 단어 가방 모형(BOW)을 자주 쓰며 CountVectorizer(), TfidfVectorizer(), HashingVectorizer(), DictVectorizer() 등을 사용한다. 이미 5장에서 TfidfVectorizer(), 6장에서 CountVectorizer()로 벡터화를 실습했다. 이번 장에서는 CountVectorizer()로 다시 한번 벡터화를 연습하면서 더 자세히 알아보자.

단어 토큰을 생성하고 각 단어의 수를 세어 BOW 인코딩 벡터를 생성한다. 이 과정은 다음과 같은 순서로, 다음 매개 변수를 사용해 진행한다.[4] 매개 변수는 6장에서도 설명했으나 복습할 겸 다시 한번 정리했다.

---

4 API Document: https://scikit-learn.org/stable/modules/generated/sklearn.feature_extraction.text.CountVectorizer. html

1 │ 문서를 토큰 리스트로 변환한다.

2 │ 각 문서에서 토큰의 출현 빈도를 센다.

3 │ 각 문서를 BOW 인코딩 벡터로 변환한다.

4 │ 사용할 수 있는 주요 매개 변수

- analyzer: 단어, 문자 단위의 벡터화 방법 정의

- ngram_range: BOW 단위 수가 (1, 3)이면 1~3개까지 토큰을 묶어서 벡터화

- max_df: 문서 빈도가 주어진 임곗값보다 높은 단어(코퍼스 관련 불용어)는 제외(기본값=1.0)

  · max_df = 0.90: 문서의 90% 초과로 나타나는 단어 제외

  · max_df = 10: 문서에 10개 초과로 나타나는 단어 제외

- min_df: 문서 빈도가 주어진 임곗값보다 낮은 단어는 제외(기본값=1.0, 컷오프라고도 한다)

  ㅊmin_df = 0.01: 문서의 1% 미만으로 나타나는 단어 제외

  · min_df = 10: 문서에 10개 미만으로 나타나는 단어 제외

- stop_words: 불용어 정의

단어들의 출현 빈도(frequency)로 여러 문서를 벡터화하기 위해 CountVectorizer( )를 불러온다.

```
from sklearn.feature_extraction.text import CountVectorizer
cv = CountVectorizer(stop_words=["돋움", "경우", "또는"])
```

fit_transform( )을 사용해 문장에서 노출되는 feature(특징이 될 만한 단어) 수를 합한 변수, dtm(문서 단어 행렬)을 생성한다.

```
dtm_cv = cv.fit_transform(df["문서"])
```

cv.vocabulary_를 통해 어떤 단어들의 집합이 있는지 확인할 수 있다.

```
cv.vocabulary_
```

```
{'아빠': 30166,
 '육아휴직': 35794,
 '장려금': 40098,
 '업무개요': 31494,
 …}
```

get_feature_names()로 단어 목록을 가져와서 사전을 만들어 cv_cols에 넣어 준다.

```
cv_cols = cv.get_feature_names()
```

벡터를 표현하려면 단어 가방에 있는 모든 단어를 행렬값으로 나타내야 한다. toarray()로 희소 행렬을 NumPy array 배열로 변환하고 값을 확인한다.

```
pd.DataFrame(dtm_cv.toarray(), columns=cv_cols).sum().sort_values()
```

```
03월        1
용액속에     1
용액을       1
용액이       1
용어         1
        . . .
대한        394
서울시       578
어떻게       597
있습니다     685
있는        718
Length: 56651, dtype: int64
```

sort_values()로 봤기 때문에 아랫부분에 '있는', '있습니다'와 같은 고빈도 단어들이 있다. 이러한 단어들을 불용어로 다룰 것인지 추가로 고려해야 한다.

3 잠재 디리클레 할당 적용하기

우선 정답인 '분류'의 유일한 값을 확인해 토픽 수를 확인하자.

```
df["분류"].value_counts()
```

실행 결과

```
행정         1098
경제          823
복지          217
환경          124
주택도시계획      110
문화관광         96
교통           90
안전           51
건강           23
여성가족         13
Name: 분류, dtype: int64
```

그런 다음 주어진 각 문서에 어떤 주제들이 있는지 확인하는 잠재 디리클레 분석을 불러온다. n_components에 들어가는 하이퍼 파라미터 NUM_TOPICS로 토픽 수를 설정하고(기본값=10), 재현성을 위해 random_state에서 고정값은 42로 설정한다. 이러면 같은 데이터와 파라미터로 코드를 실행할 때마다 같은 결과를 얻을 수 있다.

```python
from sklearn.decomposition import LatentDirichletAllocation

NUM_TOPICS = 10
LDA_model = LatentDirichletAllocation(n_components=NUM_TOPICS, random_
state=42)
```

LDA_model에 dtm_cv를 넣어 학습한다.

```python
LDA_model.fit(dtm_cv)
```

실행 결과

```
LatentDirichletAllocation(random_state=42)
```

4 pyLDAvis를 통한 시각화하기

pyLDAvis는 파이썬의 토픽 모델링을 구현해 주는 좋은 도구다. 사용자 코퍼스의 토픽을 자동으로 추출해 해석하고 대화형 웹 기반으로 시각화할 수 있도록 설계됐다. 시각화한 결과는 IPython 노트북에서 사용하기 위한 것이지만, 독립 실행형 HTML 파일로 저장해 쉽게 공유할 수 있다.

pyLDAvis는 7장을 시작하면서 설치했으니 바로 사용해 보자. 어떤 방법으로 전처리와 모델링을 해 주느냐에 따라 pyLDAvis로 토픽 모델링한 결과 또한 다르게 나타난다. 다음은 BOW 방식으로 벡터화했을 때의 결과다. 모델링에서 최적화한 토픽별 대표 단어들을 반환한 뒤 t-SNE(t-Stochastic Neighbor Embedding)를 통해 고차원 데이터를 2차원으로 차원축소해 시각화한 것이다.

```
import pyLDAvis.sklearn

pyLDAvis.enable_notebook()
pyLDAvis.sklearn.prepare(LDA_model, dtm_cv, cv, mds='tsne')
```

실행 결과

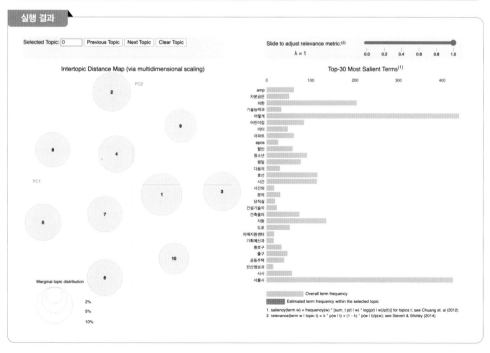

결과 그림 중 왼쪽 2차원 버블 차트는 t-SNE에 의해 변환된 토픽들이다. 오른쪽 막대그래프는 해당 토픽을 대표하는 단어들이다. 이 단어들은 relevance라는 measure에 의해 대표되며, relevance는 주제(Topic) 안에 있는 단어(Term)를 평가하는 기준이 된다.

앞에서 TF-IDF 방식으로 단어의 가중치를 조정한 BOW 인코딩으로 벡터화하는 실습을 진행했다. 이를 위해 TfidfVectorizer[5]를 불러왔는데, 여기서도 복습 겸 다시 한번 사용해 보자. TfidfVectorizer 및 CountVectorizer( )에서도 사용할 수 있는 주요 매개 변수는 다음과 같다.

- norm='l2': 각 문서의 피처 벡터를 어떻게 벡터 정규화할지 결정
  - L2: 벡터의 각 원소의 제곱의 합이 1이 되도록 만드는 것. 기본값
  - L1: 벡터의 각 원소의 절댓값의 합이 1이 되도록 크기를 조절
- smooth_idf=False: 피처를 만들 때 0으로 나오는 항목에 대해 작은 값을 더해서(스무딩해서) 만들지 또는 그대로 만들지 결정
- sublinear_tf=False: 단어의 등장 횟수에 비례하여 tf 값이 증가한다.
- use_idf=True: TF-IDF를 사용해 피처를 만들 것인지 아니면 단어 빈도 자체를 사용할 것인지 결정

```python
from sklearn.feature_extraction.text import TfidfVectorizer

tfidf = TfidfVectorizer(stop_words=["돋움", "경우", "또는", "있습니다", "있는", "합니다"])
tfidf
```

실행 결과

```
TfidfVectorizer(stop_words=['돋움', '경우', '또는', '있습니다', '있는', '합니다'])
```

dtm(문서 단어 행렬)을 생성한다. 문장에서 노출되는 feature(특징이 될 만한 단어) 수를 합한 변수다.

---

5 API Document: https://scikit-learn.org/stable/modules/generated/sklearn.feature_extraction.text.TfidfVectorizer.html#sklearn.feature_extraction.text.TfidfVectorizer

```
dtm_tfidf = tfidf.fit_transform(df["문서"])
```

```
# tfidf.vocabulary_
cols_tfidf = tfidf.get_feature_names()
```

dtm_tfidf를 axis=0(수직 방향으로) 기준으로 합계를 낸 dist 변수를 생성한다. dist 변수를 vocabulary_ 순으로 정렬해 비율을 확인한다.

```
dist = np.sum(dtm_tfidf, axis=0)
pd.DataFrame(dist, columns=cols_tfidf).T.sort_values(by=0).tail(10)
```

실행 결과

	0
의한	15.021840
무엇입니까	15.270257
이상	15.577954
관한	16.593598
무엇인가요	16.650743
따라	16.652594
대한	18.866037
있나요	19.707343
서울시	22.586695
어떻게	37.924574

각 열에서 전체 단어 가방에 들어 있는 단어에 대한 가중치를 적용한 벡터를 확인한 다음, toarray()로 희소 행렬을 NumPy array 배열로 변환해 값을 확인한다.

```
pd.DataFrame(dtm_tfidf.toarray(), columns=cols_tfidf)
```

	03월	08년	10	100명이상인	100세가	10만원	10만원상당	10명이고	10인승	10인의	...	힐링프로그램을	힐링하는	힐스테이트	힘들	힘들경우	힘들고	힘쓰고있습니다	힘쓴다	힘을	힘이
0	0.0	0.0	0.0	0.0	0.0	0.0	0.0	0.0	0.0	0.0	...	0.0	0.0	0.0	0.0	0.0	0.0	0.0	0.0	0.0	0.0
1	0.0	0.0	0.0	0.0	0.0	0.0	0.0	0.0	0.0	0.0	...	0.0	0.0	0.0	0.0	0.0	0.0	0.0	0.0	0.0	0.0
2	0.0	0.0	0.0	0.0	0.0	0.0	0.0	0.0	0.0	0.0	...	0.0	0.0	0.0	0.0	0.0	0.0	0.0	0.0	0.0	0.0
3	0.0	0.0	0.0	0.0	0.0	0.0	0.0	0.0	0.0	0.0	...	0.0	0.0	0.0	0.0	0.0	0.0	0.0	0.0	0.0	0.0
4	0.0	0.0	0.0	0.0	0.0	0.0	0.0	0.0	0.0	0.0	...	0.0	0.0	0.0	0.0	0.0	0.0	0.0	0.0	0.0	0.0
...	...	...	...	...	...	...	...	...	...	...	...	...	...	...	...	...	...	...	...	...	...
2640	0.0	0.0	0.0	0.0	0.0	0.0	0.0	0.0	0.0	0.0	...	0.0	0.0	0.0	0.0	0.0	0.0	0.0	0.0	0.0	0.0
2641	0.0	0.0	0.0	0.0	0.0	0.0	0.0	0.0	0.0	0.0	...	0.0	0.0	0.0	0.0	0.0	0.0	0.0	0.0	0.0	0.0
2642	0.0	0.0	0.0	0.0	0.0	0.0	0.0	0.0	0.0	0.0	...	0.0	0.0	0.0	0.0	0.0	0.0	0.0	0.0	0.0	0.0
2643	0.0	0.0	0.0	0.0	0.0	0.0	0.0	0.0	0.0	0.0	...	0.0	0.0	0.0	0.0	0.0	0.0	0.0	0.0	0.0	0.0
2644	0.0	0.0	0.0	0.0	0.0	0.0	0.0	0.0	0.0	0.0	...	0.0	0.0	0.0	0.0	0.0	0.0	0.0	0.0	0.0	0.0

2645 rows × 56648 columns

벡터를 표현할 수 있는 방법은 여러 가지가 있다. 이 책에서도 CountVectorizer(), TfidfVectorizer()를 사용했는데 두 방법을 모두 사용해 보고 두 벡터 표현에 차이가 있는지 살펴보는 것도 좋다.

5 유사도 분석하기

문의 내용을 보면 비슷한 주제는 비슷한 위치에 놓인다. 따라서 벡터화된 텍스트의 거리를 측정하면 어떤 텍스트가 가까운 위치에 있는지를 계산할 수 있다.

이 책에서는 첫 행의 '아빠 육아 휴직 장려금'과 비슷한 데이터를 정렬해 보겠다. 문의 내용을 확인하고 등장 빈도에 기반해, 코사인 유사도 알고리즘을 적용할 것이다.

코사인 유사도 알고리즘을 잠시 설명하면, 숫자로 변환한 단어 사이의 유사도를 측정하는 거리 척도로는 유클리드 거리(Euclidian distance)와 코사인 유사도(Cosine similarity), 자카드 유사도(Jaccard similarity) 등이 있다. 유클리드 거리와 코사인 유사도를 간략히 살펴보고, 코사인 유사도를 사용해 텍스트 간 거리를 측정하고 정렬해서 특정 텍스트와 거리가 가까운 내용을 알아보자.

먼저 유클리드 거리를 간략히 보자. 관측 쌍 $p = p_1, p_2, p_3, p_4, p_5, \ldots, p_n$과 $q = q_1, q_2, q_3, q_4, q_5, \ldots, q_n$인 점들 사이의 거리를 계산하는 유클리드 공식은 다음과 같다.

$$\sqrt{(q_1 - p_1)^2 + (q_2 - p_2)^2 + \ldots + (q_3 - p_3)^2} = \sqrt{\sum_{i=1}^{n} (q_1 - p_1)^2}$$

가장 가까운 직선의 크기를 거리로 표현한 것으로, 이를 2차원 그림으로 나타내면 다음과 같다.

그림 7-3 | 유클리드 거리 시각화

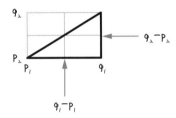

코사인 유사도는 거리가 아닌 내적 공간의 두 벡터 간 각도의 코사인 값 즉, $\cos(\theta)$의 값을 구한다.

$$\frac{A \cdot B}{\|A\| \|B\|}$$

이를 2차원 그림으로 나타내면 다음과 같다.

그림 7-4 | 코사인 유사도 시각화

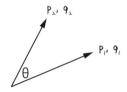

이때 θ 값 즉, 두 점 사이의 각도가 작을수록 더 가깝다고 판단한다. 이에 관한 가장 직관적인 그림은 구글의 머신러닝 과정에서 참고할 수 있다(그림 7-5).

그림 7-5 | 단어 임베딩(Embeddings can produce remarkable analogies)[6]

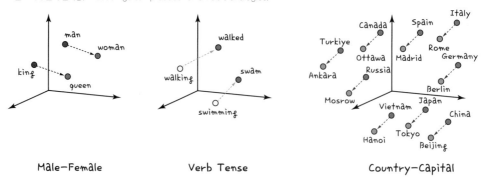

사이킷런에서는 cosine_similarity를 계산하는 기능을 제공한다. 앞의 TF-IDF 잠재 디리클레 할당에서는 dtm_tfidf를 사용해 LDA_model로 학습시켰는데, 여기서는 TF-IDF 가중치가 적용된 특정 문서 단어 벡터를 불러와서 전체 문서 단어 행렬과의 거리를 계산해 보겠다.

```
from sklearn.metrics.pairwise import cosine_similarity

similarity_simple_pair = cosine_similarity(dtm_tfidf[0] , dtm_tfidf)
result_list = similarity_simple_pair.tolist()[0]
```

result_list를 '유사도' 파생 변수로 생성하고 유사도가 높은 순으로 정렬한다. 유사도가 높은 문서는 거리가 가깝다고 볼 수 있으므로, 이 방법을 응용하면 문의에 대한 비슷한 질문을 추천해 보여 주는 등과 같이 활용할 수 있다.

```
df["유사도"] = result_list
df[["분류", "제목", "유사도"]].sort_values(by="유사도", ascending=False).
head(10)
```

---

6 출처: https://developers.google.com/machine-learning/crash-course/embeddings/translating-to-a-lower-dimensional-space?hl=ko

	분류	제목	유사도
0	복지	아빠 육아휴직 장려금	1.000000
1772	경제	도시계획시설부지 재결신청 이후 진행단계는 어떤 과정을 거칩니까?	0.057158
850	경제	주민대표회의 구성원 몇명입니까?	0.056152
539	행정	행려자도 아니고 시설수용자도 아닌 사람이 살고 있던 비닐하우스에서 화상을 입었습니다...	0.051952
3	복지	광진맘택시 운영(임산부,영아 양육가정 전용 택시)	0.048404
155	경제	[농업기술센터] 후계농업경영인 선정 및 청년창업형 후계농업경영인 신청 안내	0.046280
35	행정	[시·구정외 타기관 관련 상담] 고용노동부 [일자리 안정자금]	0.046037
141	경제	[농업기술센터] 도시농업전문가양성교육 신청	0.043873
174	행정	찾아가는 아버지교실	0.043034
233	경제	[농업기술센터] 귀농창업 평일반 교육 신청	0.041945

LESSON 03 순환 신경망으로 텍스트 분류하기

KOREAN TEXT ANALYSIS FOR EVERYONE

순환 신경망(Recurrent neural network, RNN)은 이름에서 알 수 있듯이 신경망을 사용해 모델링한다. 순환 신경망의 가장 큰 특징은 이전 단어가 다음 단어에 의존 관계를 지닐 수 있도록 시퀀스 형태로 입력된다는 것이다.

(1) 나는 가방을 들고 (   )에 간다

(2) 나는 숟가락으로 (   )을 먹는다

위 두 문장이 있을 때 (1)번 괄호에 올 수 있는 단어는 한정적이다. (1)번 괄호에 밥이 들어오는 코퍼스는 없기 때문이다. 이렇게 연쇄된 문장의 맥락 정보를 담을 수 있다는 점이 RNN의 가장 큰 장점이다.

RNN은 모델 아키텍처가 그래프의 형태를 지니는데, 장단기 메모리(Long Short-Term Memory, LSTM)와 이를 더 단순화한 모델인 게이트 순환 유닛(Gated Recurrent Unit, GRU)이 있다. 단순화했다고 하는 이유는, LSTM에는 출력, 입력, 삭제 게이트가 있지만, GRU는 업데이트 게이트와 리셋 게이트만으로 동작하기 때문이다.

RNN으로 텍스트를 분류하기 위해서는 먼저 입출력의 개수에 따른 구분과 타임 스텝으로 이야기되는, 전후 문장의 의존성이 어떻게 연산되는지를 이해해야 한다. RNN은 입출력 개수에 따라 일대일, 일대다, 다대일, 다대다로 구분된다.[7]

---

7 karpathy의 블로그와 Fei-Fei Li & Justin Johnson & Serena Yeung의 강의 자료 참고

그림 7-6 | 일대일, 일대다, 다대일, 다대다 [8]

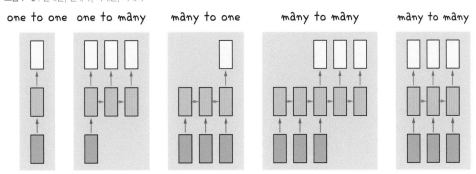

데이터에 종류에 따라서는 다음과 같이 구분할 수 있다.

- 일대일(one to one): 기본 모델
- 일대다(one to many): 하나의 이미지를 여러 문장으로 표현 등
- 다대일(many to one): 영화 리뷰를 긍정 또는 부정으로 감정 분류 등
- 다대다(many to many): 여러 단어를 입력받아 여러 단어로 구성된 문장을 반환하는 번역기 등

핵심은 문장의 연쇄에 따라 이동하면서 이전 은닉 상태(hidden state)의 출력과 현시점의 입력을 함께 연산할 수 있다는 것이다.

이 절에서는 텐서플로의 케라스(Keras)를 사용해 실습할 것이다. 케라스 RNN API를 사용할 텐데 이는 다음에 중점을 두고 설계됐다. [9]

- 사용 편리성: 내장된 keras.layers.RNN, keras.layers.LSTM, keras.layers.GRU 레이어를 사용해 어려운 구성을 선택할 필요 없이 반복 모델을 빠르게 구축할 수 있다.
- 사용자 정의 용이성: 사용자 정의 동작으로 자체 RNN 셀 계층(for 루프의 내부 부분)을 정의하고 일반 keras.layers.RNN 계층(for 루프 자체)과 함께 사용할 수 있다. 이를 통해 최소한의 코드로 다양한 아이디어를 유연한 방식으로 신속하게 프로토타이핑할 수 있다.

---

8 http://karpathy.github.io/2015/05/21/rnn-effectiveness
9 케라스 API 문서 참조: https://www.tensorflow.org/api_docs/python/tf/keras/layers/RNN

1 라이브러리와 데이터 불러오기

판다스, 넘파이로 분석하고 맷플롯립과 시본으로 시각화할 것이다. 임포트되어 있지 않다면 다음 코드로 임포트한다.

```
import numpy as np
import pandas as pd
import matplotlib.pyplot as plt
import seaborn as sns
```

판다스 데이터 프레임 형태로 수집한 데이터 세트를 불러온 뒤, shape로 데이터의 행과 열의 수를 미리 확인한다.

```
df = pd.read_csv("https://bit.ly/seoul-120-text-csv")
df.shape
```

실행 결과

```
(2645, 5)
```

제목과 내용을 합쳐서 문서라는 파생 변수를 만들고, head()로 미리 보기를 해서 데이터가 잘 들어왔는지 확인한다.

```
df["문서"] = df["제목"] + df["내용"]
df.head(3)
```

실행 결과

	번호	분류	제목	내용	내용번호	문서
0	2645	복지	아빠 육아휴직 장려금	아빠 육아휴직 장려금 업무개요 남성근로자의 육아휴직을 장려하고 양육에 따른 경...	23522464	아빠 육아휴직 장려금아빠 육아휴직 장려금 업무개요 남성근로자의 육아휴직을 장려...
1	2644	경제	[서울산업진흥원] 서울메이드란?	서울산업진흥원 서울메이드란 서울의 감성을 담은 다양하고 새로운 경험을 제공하기 위해...	23194045	[서울산업진흥원] 서울메이드란?서울산업진흥원 서울메이드란 서울의 감성을 담은 다양하...
2	2643	환경	(강북구) 정비중	강북구 정비중 업무개요 투명 페트병을 교환보상하므로 수거율을 높이고 폐기물을 감...	23032485	(강북구) 정비중강북구 정비중 업무개요 투명 페트병을 교환보상하므로 수거율을 높...

'분류' 열을 인덱싱해서 value_counts()를 사용해 분류별로 등장하는 빈도수를 확인한다.

```
df["분류"].value_counts()
```

```
행정          1098
경제          823
복지          217
환경          124
주택도시계획      110
문화관광        96
교통          90
안전          51
건강          23
여성가족        13
Name: 분류, dtype: int64
```

행정의 빈도와 건강, 여성가족의 빈도수 차이가 심하다. 분류별 빈도수 값의 불균형이 심할 경우 전체 데이터로 예측하면 성능이 떨어질 수 있으므로, 언더샘플링이나 오버샘플링으로 정답값을 균형 있게 만들어 주기도 한다. 여기에서는 일부 분류의 상위 데이터 세 개만 사용해 분석하기로 한다. 이렇게 일부 분류만 사용하더라도 정답에 불균형이 있기 때문에 빈도가 많은 분류의 예측 정확도가 더 높게 나올 것이다.

isin()으로 행정, 경제, 복지 데이터만 가지고 와서 다시 df로 감싸 판다스 데이터 프레임 형태로 만들어 준다.

```
df = df[df["분류"].isin(["행정", "경제", "복지"])]
```

데이터를 새로 만든 뒤에는 앞에서 데이터를 검토했을 때와 마찬가지로 shape로 데이터 개수를 확인하고, head()로 데이터를 미리 확인할 것을 추천한다.

2 학습/시험 데이터 세트 분리하기

위 과정에서 문제가 발견되지 않는다면 학습 데이터 세트와 시험 데이터 세트로 분리한다.
먼저 정답 레이블(label)값을 설정한다.

```
label_name = "분류"
```

이어서 독립 변수(X, 문제)와 종속 변수(y, 정답)를 나눠 학습 데이터 세트와 시험 데이터 세
트로 분리한다.

```
X = df["문서"]
y = df[label_name]
```

3 레이블값을 행렬 형태로 만들기

get_dummies()를 사용해 레이블값을 0과 1로 이루어진 행렬 형태로 만든다. 이를 one-
hot 형태, 즉 원-핫 인코딩(One-Hot Encoding)이라고 하는데 데이터를 0과 1로 구별한
다. 고윳값에 해당하는 단어는 1(True), 나머지는 0(False)으로 만드는 방식으로, 사이킷런
머신러닝 알고리즘에 문자열값을 넣을 수 없기 때문에 숫자형으로 인코딩한 뒤 학습시키기
위해서다.

```
y_onehot = pd.get_dummies(y)
```

train_test_split()으로 학습과 예측에 사용할 데이터를 나누고, 정답값은 y_onehot으로
지정한다.

```
from sklearn.model_selection import train_test_split

X_train, X_test, y_train, y_test = train_test_split(
    X, y_onehot, test_size=0.2, random_state=42, stratify=y_onehot)

X_train.shape, X_test.shape, y_train.shape, y_test.shape
```

```
((1710,), (428,), (1710, 3), (428, 3))
```

y_train의 값을 확인해 보면 다음과 같이 0과 1로 이루어진 희소 행렬 형태로 이루어져 있다.

```
y_train
```

	경제	복지	행정
2052	0	0	1
2594	1	0	0
1061	0	0	1
78	0	0	1
70	0	0	1
...	...	...	...
1571	1	0	0
1533	1	0	0
671	1	0	0
550	1	0	0
1239	0	0	1

1710 rows × 3 columns

데이터 세트를 나누다 보면 특정 분류는 학습 세트에는 많고, 시험 세트에는 너무 적어 균형 있게 학습하지 못하는 현상이 발생하기도 한다. 이를 방지하기 위해 train_test_split( ) 으로 데이터 세트를 나눌 때 stratify에도 정답값을 지정해 주었다. stratify에 정답을 지정하면 학습 세트와 시험 세트의 정답 비율을 맞춰서 나눠 준다. 다음 코드를 실행해 결과를 보면 경제 분류의 학습/시험 세트 정답 비율이 비슷한 비율(0.38)로 나뉜 것을 확인할 수 있다.

```
display(y_train.mean())
display(y_test.mean())
```

실행 결과
```
경제     0.384795
복지     0.101754
행정     0.513450
dtype: float64
경제     0.385514
복지     0.100467
행정     0.514019
dtype: float64
```

 4 벡터화하기

■ 토큰화하기

토크나이저는 텍스트를 여러 토큰으로 나눈다. 케라스의 Tokenizer[10] 클래스를 사용하면 각 텍스트를 일련의 정수(각 정수는 사전에 있는 토큰의 인덱스다) 또는 단어 수에 따라 각 토큰의 계수가 이진일 수 있는 벡터로 변환해 텍스트 데이터를 벡터화(vectorization)할 수 있다. 이는 다음과 같은 과정으로 진행된다.

1 │ Tokenizer 인스턴스를 생성한다.

2 │ fit_on_texts와 word_index를 이용해 key value로 이루어진 딕셔너리를 생성한다.

3 │ texts_to_sequences를 이용해 text 문장을 숫자로 이루어진 리스트로 변경한다.

4 │ pad_sequences를 이용해 리스트의 길이를 통일한다.

---

10 API Document: https://www.tensorflow.org/api_docs/python/tf/keras/preprocessing/text/Tokenizer

사용할 수 있는 매개 변수는 다음과 같다.

- num_words: 단어 빈도에 따라 유지할 최대 단어 수. 가장 일반적인 단어만 유지된다.
- filters: 각 원소가 텍스트에서 필터링될 문자인 문자열. 기본값은 문자를 제외한 모든 구두점, 탭, 줄바꿈이다.
- lower: 부울. 텍스트를 소문자로 변환할지 여부다.
- split: str. 단어 분할을 위한 구분 기호다.
- char_level: True면 모든 문자가 토큰으로 처리된다.
- oov_token: 주어진 경우 word_index에 추가되고 text_to_sequence를 호출하는 중간에 목록에 없는 단어를 대체하는 데 사용된다.

■ 시퀀스 만들기

Tokenizer는 데이터에 출현하는 모든 단어의 개수를 세고 빈도수로 정렬해서 num_words에 지정된 만큼만 숫자로 반환하고, 나머지는 0으로 반환한다. vocab_size는 텍스트 데이터의 전체 단어 집합의 크기다. vocab_size를 지정해 단어 사전의 크기를 지정한다. oov_tok을 사용하면 사전에 없는 단어도 벡터에 포함한다.

```
vocab_size = 10000
oov_tok = "<oov>"
tokenizer = Tokenizer(num_words=vocab_size, oov_token = oov_tok)
tokenizer
```

실행 결과

```
<keras_preprocessing.text.Tokenizer at 0x7fba0008f5d0>
```

Tokenizer에 실제로 데이터를 입력한다. fit_on_texts와 word_index를 사용해 key value로 이루어진 딕셔너리를 생성한다.

```
tokenizer.fit_on_texts(X_train)
```

tokenizer의 `word_index` 속성은 단어와 숫자의 키–값 쌍을 포함하는 딕셔너리를 반환한다. 이때 자동으로 소문자로 변환해 반환되며, 느낌표나 마침표 같은 구두점도 자동으로 제거된다. 각 인덱스에 해당하는 단어가 무엇인지 확인해 보자.

```
word_to_index = tokenizer.word_index
sorted(word_to_index)[:10]
```

실행 결과

```
["'",
 "'25시",
 "'경복궁",
 "'관리주체는",
 "'기타운동시설운용업'의",
 "'노원'",
 "'당해",
 "'불허용도'란",
 "'새랑'의",
 "'성공창업"]
```

단어의 빈도수를 확인해 보자.

```
list(tokenizer.word_counts.items())[:5]
```

실행 결과

```
[('우리아이의', 2), ('배정', 11), ('초등학교를', 2), ('알고', 45), ('싶어요', 7)]
```

이번에는 단어별 빈도를 고빈도순으로 정렬해 보자.

```
word_df = pd.DataFrame(tokenizer.word_counts.items(), columns = ['단어', '빈도수'])
word_df.sort_values(by="빈도수", ascending=False).T
```

단어	및	돌움	수	경우	또는	등	있는	년	월	있습니다	...	궁내동	분당구	한국기기유화시험연구원	놀이시설팀	가산디지털로	제정되어	검사입니다	안전검사기관으로	시설및	설치하는가
빈도수	1455	1110	771	593	550	547	411	398	379	378	...	1	1	1	1	1	1	1	1	1	1

1 rows × 36509 columns

`texts_to_sequences`를 이용해 text 문장을 숫자로 이루어진 리스트로 변경한다.

```
train_sequences = tokenizer.texts_to_sequences(X_train)
test_sequences = tokenizer.texts_to_sequences(X_test)
```

5 패딩하기

자연어 처리를 하다 보면 각 문장(또는 문서)의 길이가 서로 다를 수 있다. 컴퓨터는 문서의 길이가 같아야만 하나의 행렬로 보고 한꺼번에 묶어서 처리할 수 있으므로, 병렬 연산을 위해서는 여러 문장의 길이를 동일하게 맞추는 작업이 필요하다.

다음 이미지의 검은색 부분처럼 문장의 길이가 상대적으로 짧은 경우 비워 두지 않고 0으로 채워서 길이를 일정하게 맞추는 것을 제로 패딩(zero-padding)이라고 한다. 보통 가장 긴 문장에 맞춰 나머지 문장에 0을 채운다.

그림 7-7 | 모델 크기가 5인 경우에 패딩 적용 전/후 예시

패딩 적용 전

1	1	0	1	1
1	1	0	1	1
0	1	1	■	■
0	0	1	■	■

→

패딩 적용 후

1	1	0	1	1
1	1	0	1	1
0	1	1	1	0
0	0	1	0	0

실제 데이터에 패딩을 적용해 독립 변수를 전처리해 보자. 문장의 길이가 제각각인 벡터의 크기를 패딩 작업으로 나머지 빈 공간을 0으로 채워 준다.

❶ max_length: 패딩의 기준이 된다.

❷ padding_type='post': 패딩을 앞(pre, 기본값)이 아닌 뒤(post)에 채운다.

```
max_length = 500                                                    ──❶
padding_type = "post"                                               ──❷
# padding_type = "pre"

X_train_sp = pad_sequences(train_sequences, padding=padding_type, maxlen=max_
length)
X_test_sp = pad_sequences(test_sequences, padding=padding_type, maxlen=max_
length)

print(X_train.shape)
```

실행 결과

```
(1710,)
```

모델 만들기

KOREAN TEXT ANALYSIS FOR EVERYONE

딥러닝 모델은 주로 텐서플로(케라스)와 파이토치(PyTorch)로 구현한다. 그런데 파이토치를
사용해 자연어 처리 문제를 푸는 방식은 이 책의 범위를 넘어선다. 따라서 이 책에서는 텐서
플로 2.0을 위한 가이드라인의 제시에 따라, 케라스 API를 사용해 모델을 만들 것이다.

또한, 텐서플로에서는 세 개의 내장 RNN[11]을 쓸 수 있는데(SimpleRNN과 RNN, LSTM,
GRU), 여기서는 Bidirectional LSTM을 통해서 분류하는 모델을 만들어 보겠다. 우선 필요
한 것들을 임포트한다.

```
from tensorflow.keras import Sequential
from tensorflow.keras.layers import Dense, Embedding, Bidirectional, LSTM,
Dropout, BatchNormalization
```

하이퍼 파라미터(모델링할 때 사용자가 직접 설정해 주는 값)를 설정한다. embedding_dim
은 임베딩할 벡터의 차원을 나타낸다.

```
embedding_dim = 64
```

클래스의 수는 분류될 예측값의 종류다. 정답값이 원-핫 인코딩으로 되어 있기 때문에 정답
값의 열의 수가 예측값의 종류가 된다.

```
n_class = y_train.shape[1]
n_class
```

---

11 내장 RNN의 주요 기능은 API 문서 참고: https://www.tensorflow.org/guide/keras/rnn

1 Bidirectional LSTM

이 책에서는 전방향과 후방향을 모두 사용하는 양방향 RNN에 장단기 메모리(LSTM) 셀을 가진 모델을 다룬다. RNN이 연쇄된 문장을 다루는 데 유능하지만, 연쇄가 매우 길어질 때는 기울기 소실 문제(Bengio, 1994)가 생긴다. 이로 인해 필요한 정보를 멀리까지 보낼 수 있는 방안으로 LSTM이 고안됐다.

단어의 연쇄로 이루어진 데이터가 임베딩 레이어를 거치게 되는데 다음 예시 코드를 보자. max_length는 한 문장의 최대 단어 길이로 패딩의 기준이 된다. Bidirectional LSTM의 첫 번째 층은 연쇄로 이루어져 있기 때문에 return_sequences=True로 설정한다.

```python
model = Sequential([
    Embedding(vocab_size, embedding_dim, input_length=max_length),
    Bidirectional(LSTM(64, return_sequences=True)),
    BatchNormalization(),
    Bidirectional(LSTM(32)),
    Dense(16, activation='relu'),
    Dense(n_class, activation='softmax')
])
```

return_sequences=True를 선택하면 메모리 셀이 모든 시점(time step)에 대해서 은닉 상태값을 출력하며, return_sequences=False이면 메모리 셀은 하나의 은닉 상태값만 출력한다. 즉, 마지막 시점(time step)의 메모리 셀의 은닉 상태값만 출력하게 된다. 그렇기 때문에 Dense 층 바로 위 Bidirectional LSTM은 return_sequences를 설정하지 않았다.

그림 7-8 | return_sequences[12]

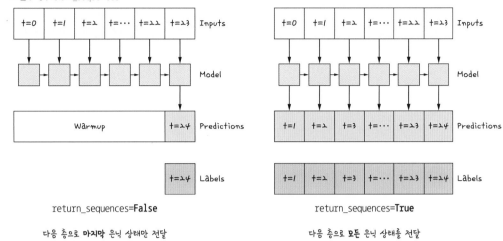

그림 7-8 | return_sequences[12]

기울기 소실은 안정적으로 하강하는 것이 아니라 구불구불한 길을 내려오는 것과 같은데, 기울기가 너무 크거나 작은 곳에서 학습되지 않는 문제를 막기 위해 BatchNormalization으로 정규화해 준다. 다음으로 Dense로 은닉층을 구성하고 마지막으로 Dense 출력층을 클래스 개수로 적용해 주었고 활성화 함수는 relu와 softmax를 사용했다.

> **TIP**
>
> 이해를 돕기 위해 케라스 사이트에서 Dense 12, input 8차원을 적용한 이미지를 소개한다.
>
> ```python
> # 다음 코드는 이해를 돕기 위한 Dense 12, input 8차원의 예다.
> model = Sequential()
> model.add(Dense(12, input_dim=8, init='uniform', activation='relu'))
> model.add(Dense(8, init='uniform', activation='relu'))
> model.add(Dense(1, init='uniform', activation='sigmoid'))
> ```

---

12 출처: https://www.tensorflow.org/tutorials/structured_data/time_series?hl=ko#%EC%88%9C%ED%99%98_%EC%8B%A0%EA%B2%BD%EB%A7%9D

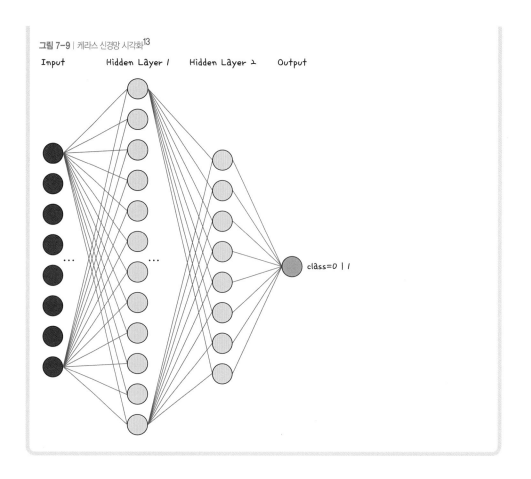

그림 7-9 | 케라스 신경망 시각화[13]

2 모델 컴파일하기

컴파일은 분석할 데이터가 가진 크기와 특징에 따라 기울기가 최적점을 찾아가는 과정이고, 모델을 만드는 사람 입장에서는 어떤 선택을 했을 때 손실이 가장 빠르고 안정적으로 줄어들 것인가에 대한 퀴즈와 같다.

7장의 예제는 여러 정답 중 하나를 맞추는 문제이며, 정답값이 0과 1로 표현된 희소 행렬의 형태로 되어 있기 때문에 손실 함수(loss function)로 categorical_crossentropy를 사용해서 알고리즘이 예측한 값과 실제 정답값의 차이가 줄어드는 양상을 비교할 것이다.

---

13 출처: http://keras.dhpit.com

최적화를 위한 옵티마이저는 'Adam'을, 평가 지표인 매트릭(metric)은 정확도를 기준으로 설정한다. optimizer = 'adam'을 선택한 것은 SGD, Momentum 등을 시도한 후에 가장 결과가 좋았기 때문에 선택한 것임을 밝혀 둔다.

```python
model.compile(loss = 'categorical_crossentropy',
              optimizer = 'adam',
              metrics = ['accuracy'])
model.summary()
```

```
Model: "sequential"

_____
 Layer (type)                Output Shape              Param #
=================================================================
 embedding (Embedding)       (None, 500, 64)           64000

 bidirectional (Bidirectiona (None, 500, 128)          66048
 l)

 batch_normalization (BatchN (None, 500, 128)          512
 ormalization)

 bidirectional_1 (Bidirectio (None, 64)                41216
 nal)

 dropout (Dropout)           (None, 64)                0

 dense (Dense)               (None, 16)                1040

 dense_1 (Dense)             (None, 3)                 51

=================================================================
Total params: 172,867
Trainable params: 172,611
Non-trainable params: 256
_____
```

3 학습하기

앞에서도 설명했듯이, 과적합은 공부할 때 문제집은 잘 풀지만 시험을 보면 응용을 못해서 점수를 못 받는 것에 비유할 수 있다. 과적합을 피하기 위한 여러 방안이 마련되어 있는데 여기서는 가장 많이 쓰이는 콜백 함수로 조기 종료(earlyStopping)하는 방법을 사용해 보겠다.

종료 시점은 monitor로 찾는다. val_loss 또는 val_accuracy를 사용할 수 있는데 여기서는 기본값인 val_loss를 사용할 것이다. loss는 상승과 하강을 반복하기 때문에 하강한다고 해서 바로 종료하지 않고 몇 번의 에포크 동안 종료를 미룰 것인지 설정할 수 있다. patience를 설정해 주면 해당 횟수만큼 더 이상 monitor에 지정한 지표가 감소하지 않으면 학습을 멈춘다. 여기서는 5로 설정해 주었다.

```
from tensorflow.keras.callbacks import EarlyStopping
early_stop = EarlyStopping(monitor='val_loss', patience=5)
```

model.fit()을 호출하면 X_train과 y_train으로 학습된다. 전체 학습 데이터에 수행되는 반복을 나타내는 에포크를 100으로 설정하고, 배치 사이즈는 64로 설정했으므로 64개 샘플마다 미니 배치로 학습하는 것을 100번 반복한다. 하지만 과적합을 방지하기 위해 조기 종료(early_stop)를 설정했기 때문에 기울기가 줄어들다가 다시 늘어나는 지점이 있다면 모델이 스스로 100번이 되기 전에 학습을 종료할 것이다. 다음 출력값은 예시이므로, 같은 코드로 실습하더라도 결과는 다를 수 있다.

```
history = model.fit(X_train_sp, y_train,
                    epochs=100, batch_size=64, callbacks=early_stop,
                    validation_split=0.2, use_multiprocessing=True)
```

```
Epoch 1/100
22/22 [==============================] - 45s 2s/step - loss: 0.9872 -
accuracy: 0.5175 - val_loss: 0.9461 - val_accuracy: 0.4942
Epoch 2/100
22/22 [==============================] - 33s 2s/step - loss: 0.9263 -
accuracy: 0.5190 - val_loss: 0.9146 - val_accuracy: 0.4942
Epoch 3/100
22/22 [==============================] - 33s 2s/step - loss: 0.8987 -
accuracy: 0.5468 - val_loss: 0.9008 - val_accuracy: 0.5292
Epoch 4/100
22/22 [==============================] - 32s 1s/step - loss: 0.8501 -
accuracy: 0.6016 - val_loss: 0.8479 - val_accuracy: 0.6023
Epoch 5/100
22/22 [==============================] - 33s 2s/step - loss: 0.7346 -
accuracy: 0.6996 - val_loss: 0.7860 - val_accuracy: 0.6696
Epoch 6/100
22/22 [==============================] - 31s 1s/step - loss: 0.6180 -
accuracy: 0.7442 - val_loss: 0.7391 - val_accuracy: 0.6433
Epoch 7/100
22/22 [==============================] - 32s 1s/step - loss: 0.4862 -
accuracy: 0.8070 - val_loss: 0.8549 - val_accuracy: 0.7105
Epoch 8/100
22/22 [==============================] - 32s 1s/step - loss: 0.4745 -
accuracy: 0.8275 - val_loss: 0.7891 - val_accuracy: 0.6901
Epoch 9/100
22/22 [==============================] - 33s 1s/step - loss: 0.3596 -
accuracy: 0.8692 - val_loss: 0.7967 - val_accuracy: 0.6842
Epoch 10/100
22/22 [==============================] - 32s 1s/step - loss: 0.2941 -
accuracy: 0.8969 - val_loss: 0.9247 - val_accuracy: 0.6930
Epoch 11/100
22/22 [==============================] - 32s 1s/step - loss: 0.2679 -
accuracy: 0.9064 - val_loss: 0.9233 - val_accuracy: 0.6959
```

각 타임 스텝마다 손실, 정확도, validation 손실, validation 정확도 값이 출력된다. 에포크를 100번으로 설정했으나 조기 종료됐다. 모델 학습의 결괏값을 데이터 프레임으로 만들어 확인해 보자.

```
df_hist
```

index	loss	accuracy	val_loss	val_accuracy
0	0.987151	0.517544	0.946125	0.494152
1	0.926311	0.519006	0.914553	0.494152
2	0.898712	0.546784	0.900769	0.52924
3	0.850071	0.601608	0.847878	0.602339
4	0.734621	0.699561	0.785979	0.669591
5	0.617952	0.744152	0.739092	0.643275
6	0.486179	0.807018	0.854934	0.710526
7	0.474456	0.827485	0.789133	0.690058
8	0.359615	0.869152	0.796719	0.684211
9	0.294058	0.89693	0.92473	0.692982
10	0.26791	0.906433	0.923337	0.695906

학습률에 따른 정확도와 손실값 등을 그래프 형태로 확인해 학습이 잘 진행됐는지 확인해 보자. 먼저 학습 정확도(accuracy)와 검증 정확도(val_accuracy)다. 둘의 간극이 좁을수록 학습이 잘 된 것이다. 현재 결과는 간극이 큰 것으로 보아 과적합이 발생했음을 알 수 있다.

```
df_hist[["accuracy", "val_accuracy"]].plot()
```

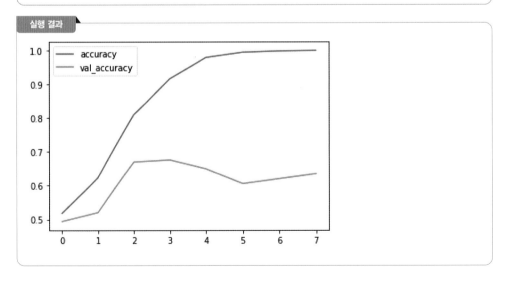

과적합을 피하기 위해 일반적으로 사용하는 방법인 조기 종료와 드롭아웃(dropout) 등을 사용했고 값을 변동해 봤으나 큰 차이는 없었다. 즉, 특정 범주에 데이터 불균형이 있었고 그에 따라 명확하게 구분되지 않았다고 할 수 있다. 6장에서 다룬 KLUE의 연합뉴스 타이틀 분류의 경우는 3명 이상의 사람이 분류했을 때 2명 이상이 동일하게 같은 범주라고 한 데이터만 가지고 벤치마크 세트를 만든 것이다. 이와 같이 데이터 분류에서 사람의 평가를 거칠 수 없다면 복지 부분의 데이터를 늘리거나 모델을 변경해 보는 것을 고려할 수 있다.

다음으로 손실(loss)값도 확인해 보자. 여기서 손실은 모델이 예측한 값과 실제 정답 사이의 차이에서 발생하는 손실을 의미한다. 결과 그래프를 보면 아래에 위치한 loss가 꾸준히 하강하다가 다시 살짝 증가한 시점에서 모델이 추정 오차가 최대가 되었다고 판단하고 학습을 종료했음을 알 수 있다.

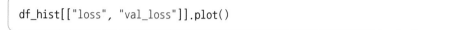

실행 결과

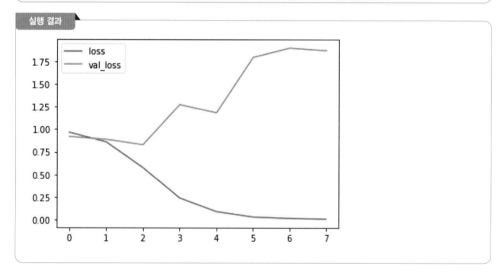

4 예측하기

predict() 메서드로 모델을 예측해 보자. predict() 메서드는 시험 데이터의 텍스트가 어떤 분류에 속하는지 예측한다. 이제 모델이 정답을 예측하고 성적표를 받을 시기가 된 것이다.

```
y_pred = model.predict(X_test_sp)
y_pred[:10]
```

```
14/14 [==============================] - 5s 223ms/step
array([[0.04029479, 0.01259641, 0.94710886],
       [0.19934632, 0.33347803, 0.46717563],
       [0.27292505, 0.01636682, 0.7107081 ],
       [0.9922458 , 0.0032146 , 0.00453948],
       [0.9856799 , 0.00695921, 0.00736091],
       [0.19694512, 0.04934863, 0.7537062 ],
       [0.17981924, 0.05678767, 0.76339316],
       [0.9838552 , 0.00562436, 0.01052044],
       [0.05183903, 0.01426377, 0.9338971 ],
       [0.04421081, 0.10807092, 0.84771824]], dtype=float32)
```

5 평가하기

예측 결과는 각 클래스에 대한 확률값을 반환한다. softmax는 이 확률값을 더했을 때 1이 되는 값을 출력하는데 여기에서 가장 큰 값을 예측값으로 사용한다. 이를 위해 np.argmax로 가장 큰 값의 인덱스를 반환한 값(클래스 예측)을 y_predict에 할당한다.

```
y_predict = np.argmax(y_pred, axis=1)
y_predict[:10]
```

```
array([2, 2, 2, 0, 0, 2, 2, 0, 2, 2])
```

np.argmax를 이용해 가장 큰 값의 인덱스를 반환한 값(클래스 예측)을 y_test_val에 할당한다.

```
y_test_val = np.argmax(y_test.values, axis=1)
```

실제값과 예측값을 비교해 맞춘 값의 평균을 확인한다.

```
(y_test_val == y_predict).mean()
```

```
0.6822429906542056
```

모델에 설정된 손실값을 반환해 정확도를 평가한다.

```
test_loss, test_acc = model.evaluate(X_test_sp, y_test)
test_loss, test_acc
```

```
14/14 [==============================] - 4s 308ms/step - loss: 0.9429 -
accuracy: 0.6822
(0.9428667426109314, 0.6822429895401001)
```

8장

인프런
이벤트 댓글 분석

이 장에서는 댓글을 군집화해 분석해 볼 것이다. 댓글 분석은 왜 필요할까? 분석해서 어디에 활용할 수 있을까? 다음과 같은 상황을 생각해 보자.

- 수백 수천 개 댓글을 다 읽어야 한다면?
- 댓글 속에 제품에 대한 관심을 빈도수로 추출해야 한다면?
- 쇼핑몰에서 제품 관련 이벤트를 진행할 때 고객이 어떤 제품을 선호하는지 알고 싶다면?
- 고객 DB와 연계해 이벤트나 마케팅 세그먼트로 활용한다면?
- 향후 마케팅이나 전략을 세울 때 활용한다면?

데이터는 IT 교육 사이트인 (주)인프런[1]의 새해 다짐 이벤트 댓글을 사용한다. 이 장에서는 정답 레이블이 없는 데이터를 분류하고 시각화하는 방법에 초점을 맞출 것이다. 앞에서 살펴본 정답 레이블이 있는 학습 방법을 '지도학습', 이 장에서 살펴볼 정답 레이블이 없는 학습 방법을 '비지도학습'으로 분류한다. 각 학습 방법에는 크게 다음과 같은 분석 방법이 있으며, 여기서는 군집화를 실습해 볼 것이다.

---

1 https://www.inflearn.com

그림 8-1 | 비지도학습 > 범주형 > 군집화

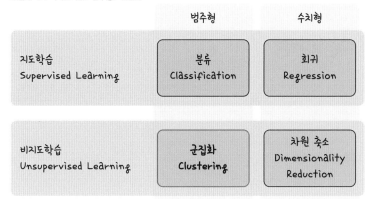

사이킷런 공식 웹사이트[2]에서 더 자세한 로드맵을 제공하고 있다. 데이터 크기, 레이블 유무, 범주형 데이터 여부 등에 따라 분석 방법을 제안한다. 이 로드맵을 참고해 댓글 데이터를 분석할 수 있다. 웹 스크래핑(크롤링)부터 시작하고 싶다면 다음 링크를 참고하기 바란다.

- 관련 코드: https://github.com/corazzon/inflearn-new-year-event-2020
- 강의(유튜브 오늘코드): https://www.youtube.com/watch?v=OUSwQk79H8I

---

2 https://scikit-learn.org

8장의 분석 과정은 다음과 같다.

- 라이브러리와 데이터 불러오기

- head( )와 tail( )로 데이터 확인하기

- 문자열 분리로 관심 강의 분리하기

- 정규표현식으로 원하는 키워드가 들어 있는 텍스트 찾기

- 학습 데이터 세트와 시험 데이터 세트 분리하기

- TF-IDF로 텍스트 데이터를 벡터화하고 학습 데이터 세트 정규화하기

- 학습 및 예측하기

- 평가하기

LESSON 02 분석을 위한 기본 설정

KOREAN TEXT ANALYSIS FOR EVERYONE

1 라이브러리 불러오기

먼저 데이터 분석을 위한 라이브러리를 불러온다. 판다스, 넘파이, 맷플롯립을 임포트하고, 정규표현식 사용을 위한 re도 불러온다.

```
import re
import pandas as pd
import numpy as np
import matplotlib.pyplot as plt
```

 시각화를 위해 5.3절을 참고해 Koreanize-matplotlib으로 한글 폰트를 설정한다.

2 데이터 불러오기

다음으로 수집한 데이터를 불러오자. 먼저 df라는 변수에 이벤트 댓글 파일을 불러와 할당한다. 할당 후에는 shape로 행과 열의 개수를 확인한다.

```
df = pd.read_csv("https://bit.ly/inflearn-event-text-csv")
df.shape
```

실행 결과

```
(2449, 1)
```

head( )와 tail( )로 가장 앞과 뒤에 있는 데이터를 확인한다.

```
# head()로 일부 보기
df.head()
```

	text
0	2020년 목표: 스프링 열심히 공부하서 직장에서 사랑받고 싶어요!!\n관심 있는 ...
1	2020년 목표: C++ 열심히 공부해서, 학교에서 꼭 A 맞기..!! \n관심있는...
2	2020년 목표 : 리액트 공부하기
3	40대 프로그래밍 시작! : 우리를 위한 프로그래밍 : 파이썬 중급
4	2020년 목표 : 돌머리 비전공자가 멋진 전공자 되기!

```
# tail()로 일부 보기
df.tail()
```

	text
2444	작년 한해도 일이 바쁘다. 야근해서 힘들다는 핑계로 ***님의 JPA 강의를 또 스...
2445	저는 졸업을 1년 남기고 있는 컴퓨터공학과 학생입니다. 졸업 프로젝트로 웹/앱 개발...
2446	에프터 이펙트를 써본 적은 있는데, 매번 기초만 배우다 말았어요. 이걸 할 줄 안다...
2447	저번에 인프런에서 페이스북 마케팅 강의를 듣고 많은 도움을 받았습니다. 마케팅 업무...
2448	인프런 0호 팀원이에요!\n그동안 서비스 개발 때문에 js 를 많이 했었는데 앞으론...

LESSON 03 데이터 전처리

KOREAN TEXT ANALYSIS FOR EVERYONE

1 중복된 글 제거하기

온라인으로 수집한 데이터는 다양한 이유로 중복 생성될 수 있다. 웹사이트에서 전송 버튼을 여러 번 누르거나, 새로 고침을 하거나, 네트워크나 UX 관련 오류 문제가 발생하기도 한다. 중복 데이터가 있으면 빈도 분석이 제대로 되지 않기 때문에 중복 입력값을 제거하자.

판다스에서 제공하는 drop_duplicates로 전체 데이터의 중복을 제거해 보겠다. drop_duplicates()를 사용하면 전체 열의 중복을 제거하기 때문에 빈도수 중복을 방지하기 위해 다음과 같이 drop_duplicates(["text"], keep="last")를 사용해 마지막 글을 남긴다. 첫 번째를 남기고 싶다면 drop_duplicates(["text"], keep="first")를, 모두 제거하려면 drop_duplicates(["text"], keep=False)를 사용하면 된다.

```
print(df.shape)
df = df.drop_duplicates(["text"], keep="last")
print(df.shape)
```

실행 결과

```
(2449, 1)
(2411, 1)
```

전처리할 때는 원본을 따로 보존하는 것을 추천한다. 원본과 전처리 결과를 비교해 볼 수 있기 때문이다. 따라서 전처리 전에 다음과 같이 origin_text라는 열에 원본을 복사해 둔다.

```
df["origin_text"] = df["text"]
df.head()
```

	text	origin_text
0	2020년 목표: 스프링 열심히 공부하서 직장에서 사랑받고 싶어 요!!₩n관심 있는 ...	2020년 목표: 스프링 열심히 공부하서 직장에서 사랑받고 싶어 요!!₩n관심 있는 ...
1	2020년 목표: C++ 열심히 공부해서, 학교에서 꼭 A 맞기..!! ₩n 관심있는...	2020년 목표: C++ 열심히 공부해서, 학교에서 꼭 A 맞기..!! ₩n관심 있는...
3	40대 프로그래밍 시작! : 우리를 위한 프로그래밍 : 파이썬 중급	40대 프로그래밍 시작! : 우리를 위한 프로그래밍 : 파이썬 중급
4	2020년 목표 : 돌머리 비전공자가 멋진 전공자 되기!	2020년 목표 : 돌머리 비전공자가 멋진 전공자 되기!
5	2020 년목표: 비전공자(경영)가 전공자(it) 되기!!!	2020 년목표: 비전공자(경영)가 전공자(it) 되기!!!

2 소문자로 변환하기

파이썬은 같은 단어라도 대문자냐 소문자냐에 따라 다른 글자로 인식하므로 .lower() 기능을 사용해 모두 소문자로 변경한다.

```
df["text"] = df["text"].str.lower()
```

파이썬, python과 같이 의미는 같으나 표기가 다르게 되어 있는 단어도 하나로 통일한다. .replace()는 텍스트가 완전히 일치될 때만 사용할 수 있으므로, 만약 일부만 일치하는 것도 변경하고 싶다면 str.replace()를 사용해 원하는 텍스트로 변경한다.

```
df["text"] = df["text"].str.replace(
    "python", "파이썬").str.replace(
    "pandas", "판다스").str.replace(
    "javascript", "자바스크립트").str.replace(
    "java", "자바").str.replace(
    "react", "리액트")
```

문자열 분리로
'관심강의' 분리하기

이 댓글 이벤트에는 '관심강의'라는 텍스트가 있다. 대부분 관심강의 뒤에 강의명을 적었으므로 '관심강의'를 기준으로 이전 텍스트는 제거하고 이후 텍스트를 새로운 변수에 담는, 문자열 분리(split)로 관심강의를 분리해 보자.

실수를 방지하기 위해 "course"라는 새로운 열에 담아 진행했으며, '관심 강의'나 '관심 강좌'에 대해서도 똑같이 처리하고 특수 문자인 ':'는 빈 문자로 변경한다.

```python
df["course"] = df["text"].apply(lambda x: x.split("관심강의")[-1])
df["course"] = df["course"].apply(lambda x: x.split("관심 강의")[-1])
df["course"] = df["course"].apply(lambda x: x.split("관심 강좌")[-1])
df["course"] = df["course"].str.replace(":", "")
df["course"].head()
```

실행 결과

```
0    2020년 목표 스프링 열심히 공부해서 직장에서 사랑받고 싶어요!!\n관심 있는 강...
1    2020년 목표 c++ 열심히 공부해서, 학교에서 꼭 a 맞기..!! \n관심있는 ...
3              40대 프로그래밍 시작!  우리를 위한 프로그래밍  파이썬 중급
4                 2020년 목표  돌머리 비전공자가 멋진 전공자 되기!
5              2020 년목표 비전공자(경영)가 전공자(it) 되기!!!
Name: course, dtype: object
```

"text", "course"의 전처리 내용을 head()를 통해 확인할 수 있다.

```python
df[["text", "course"]].head()
```

	text	course
0	2020년 목표: 스프링 열심히 공부하서 직장에서 사랑받고 싶어요!!₩n관심 있는 ...	2020년 목표 스프링 열심히 공부하서 직장에서 사랑받고 싶어요!!₩n관심 있는 강...
1	2020년 목표: c++ 열심히 공부해서, 학교에서 꼭 a 맞기..!! ₩n관심있는...	2020년 목표 c++ 열심히 공부해서, 학교에서 꼭 a 맞기..!! ₩n관심있는 ...
3	40대 프로그래밍 시작! : 우리를 위한 프로그래밍 : 파이썬 중급	40대 프로그래밍 시작! 우리를 위한 프로그래밍 파이썬 중급
4	2020년 목표 : 돌머리 비전공자가 멋진 전공자 되기!	2020년 목표 돌머리 비전공자가 멋진 전공자 되기!
5	2020 년목표: 비전공자(경영)가 전공자(it) 되기!!!!	2020 년목표 비전공자(경영)가 전공자(it) 되기!!!!

이제 텍스트에서 특정 키워드를 추출해 보자. 띄어쓰기를 제거한 텍스트에서 키워드를 추출하려면 search_keyword = [ ] 안에 찾으려는 특정 키워드를 입력하고 for 문을 통해 텍스트에 해당 키워드가 있는지 여부를 True, False 값으로 표시하도록 한다. 이렇게 찾은 키워드로 열을 새로 만든다.

```python
search_keyword = ['머신러닝', '딥러닝', '파이썬', '판다스', '공공데이터',
                  'django', '크롤링', '시각화', '데이터분석',
                  '웹개발', '엑셀', 'c', '자바', '자바스크립트',
                  'node', 'vue', '리액트']

for keyword in search_keyword:
    df[keyword] = df["course"].str.contains(keyword)

df.head(3)
```

	text	origin_text	course	머신러닝	...	vue	리액트
0	2020년 목표: 스프링 열심히 공부하서 직장에서 사랑받고 싶어요!!₩n관심 있는 ...	2020년 목표: 스프링 열심히 공부하서 직장에서 사랑받고 싶어요!!₩n관심 있는 ...	2020년 목표 스프링 열심히 공부하서 직장에서 사랑받고 싶어요!!₩n관심 있는 강...	False	...	False	False
1	2020년 목표: c++ 열심히 공부해서, 학교에서 꼭 a 맞기..!! ₩n관심있는...	2020년 목표: C++ 열심히 공부해서, 학교에서 꼭 A 맞기..!! ₩n관심있는...	2020년 목표 c++ 열심히 공부해서, 학교에서 꼭 a 맞기..!! ₩n관심있는 ...	False	...	False	False
3	40대 프로그래밍 시작! : 우리를 위한 프로그래밍 : 파이썬 중급	40대 프로그래밍 시작! : 우리를 위한 프로그래밍 : 파이썬 중급	40대 프로그래밍 시작! 우리를 위한 프로그래밍 파이썬 중급	False	...	False	False

이번에는 정규표현식을 사용해 '파이썬|공공데이터|판다스'라는 텍스트가 들어간 데이터를 찾아보자. 판다스의 string Accessor에서 제공하는 contains를 사용하면 내부에 정규표현식을 사용해 원하는 키워드가 들어간 텍스트를 찾을 수 있다.

```
df_python = df[df["text"].str.contains("파이썬|공공데이터|판다스")].copy()
df_python.shape
```

```
(429, 20)
```

댓글에 특정 키워드가 포함되었는지 여부를 이진 형태로 만든다. 특정 키워드가 댓글에 있으면 1(True), 없으면 0(False)으로 표시한다. 그런 다음 1의 빈도수를 더하면 해당 키워드의 등장 빈도수를 구할 수 있다. search_keyword의 행을 가져와서 빈도수를 sum()으로 모두 더해 해당 키워드의 등장 빈도수를 세어 보자.

```
df[search_keyword].sum().sort_values(ascending=False)
```

```
c           409
파이썬        405
자바         341
자바스크립트      140
리액트        137
머신러닝       133
vue        132
node       117
크롤링         56
딥러닝         52
django      31
시각화         30
웹개발         27
데이터분석       24
엑셀         18
공공데이터       12
판다스          6
```

작업이 끝난 후에는 특정 키워드가 들어간 댓글의 내용을 직접 찾아서 빈도수를 제대로 찾았는지 확인한다. 판다스로 '공공데이터'가 들어간 문장만 확인해 보려고 하는데 긴 문장이 끝까지 보이지 않는 문제가 있다. 문장 전체를 보기 위해 for 문으로 해당 텍스트를 순회하며 20개까지 출력하고 데이터 사이를 —————— 줄로 표시해서 구분하자.

```python
text = df.loc[(df["공공데이터"] == True), "text"]
for t in text:
    print("-" * 20)
    print(t)
```

실행 결과

```
--------------------
#관심강의: 프로그래밍 시작하기 : 파이썬 입문, 공공데이터로 파이썬 데이터 분석 시작하기
파이썬의 고수가 되고싶어요
--------------------
자바기반 웹 개발자입니다. 데이터 분석에 많이 쓰이는 파이썬이 궁금합니다.
#관심강의: 프로그래밍 시작하기 : 파이썬 입문, 공공데이터로 파이썬 데이터 분석 시작하기
--------------------
올해 안에 원하는 공부 다 끝내보려고요. 내년이면 수능이라..

#관심강의: 공공데이터로 파이썬 데이터 분석 시작하기
--------------------
it개발자입니다. 개발을 오래 안하고 관리만 했더니 다시 개발이 너무 하고싶습니다. 올해는
인프런을 통해서 개발쪽 스킬셋을 업그레이드 하고 싶습니다!
#관심강의: 공공데이터로 파이썬 데이터 분석 시작하기
--------------------
파이썬 데이터분석 마스터
#관심강의:공공데이터로 파이썬 데이터 분석 시작하기
--------------------
(...)
```

이번에는 '판다스'라는 단어가 들어간 텍스트를 찾아서 확인하고 싶다. 이 경우 앞에서 str. contains를 통해 '판다스'가 들어간 텍스트에 대한 열을 이미 만들어 놓았으므로 쉽게 찾을 수 있다. 이 값이 True라면 판다스 강의라는 뜻이다.

```
df.loc[df["판다스"] == True, "text"]   # 판다스라는 텍스트가 들어간 내용만 찾음
```

실행 결과

```
541       2020년에는 데이터분석 관련한 실력을 쌓고싶습니다!\n#관심강의 : 파이썬, 판
다...
690       취미로 안드로이드 개발하는 사람입니다. 자바로 작성하다 보니, kotlin이 안드
로...
758            판다스 라입러리에 관심이 많아서 배워보려 합니다 #관심강의 : *** 판다스
1237      2020년!! 올 해는 빅데이터 분석 전문가 되기!!\n#관심강의 : 파이썬, 판다스
2155     2020년 목표 파이썬 을 활용해 데이터 분석 작업을 진행하고 싶습니다.  관...
2365      저는 백세시대에 조금 더 오랫동안 it일을 하기위해서 it전략기획에서 데이터분석가
로...
Name: text, dtype: object
```

벡터화하기

KOREAN TEXT ANALYSIS FOR EVERYONE

이제 빈도 계산을 위해 텍스트 데이터를 벡터화하자. 먼저 단어 가방 모형에 단어를 토큰화해서 담아야 한다. split()을 사용해 '파이썬 데이터 분석'이라는 텍스트를 토큰으로 분리한다.

```
"파이썬 데이터 분석".split()
```

실행 결과

```
['파이썬', '데이터', '분석']
```

사이킷런의 CountVectorizer()를 통해 벡터화한다. vectorizer라는 변수에 CountVectorizer()를 담는다. 전처리 도구를 만들었다면 preprocessor에서 처리할 수 있다.

❶ 띄어쓰기(word) 단위가 아니라 낱글자(character) 단위로 벡터화하려면 analyzer='char'로 지정한다.

❷ tokenizer = None이 기본값이다.[3]

❸ min_df = n으로 토큰이 나타날 최소 문서 개수를 지정해서 오타나 자주 나오지 않는 특수한 전문 용어를 제거할 수 있다.

❹ 분석하려는 데이터를 보면 3어절 이상인 강의가 대부분이어서 ngram_range는 3 이상으로 지정했다.

❺ 3~6까지 묶어서 나오는 강의는 최대 2,000개까지 가능하도록 지정했다.

---

3 한국어에 적합한 토큰 생성 방법은 다음 블로그를 참고하면 좋다. https://lovit.github.io/nlp/2018/03/26/from_text_to_matrix

```
# 사이킷런의 CountVectorizer를 통해 벡터화
from sklearn.feature_extraction.text import CountVectorizer

vectorizer = CountVectorizer(
    analyzer = 'word', # 낱글자 단위로 벡터화할 수도 있음(❶)
    tokenizer = None, # 토크나이저를 따로 지정할 수 있음(❷)
    preprocessor = None, # 전처리 도구
    stop_words = None,    # 불용어 nltk 등의 도구를 사용할 수 있음
    min_df = 2,        # 토큰이 나타날 최소 문서 개수(❸)
    ngram_range=(3, 6),     # BOW의 단위 개수의 범위를 지정(❹)
    max_features = 2000     # 만들 피처의 수, 단어의 수(❺)
    )
vectorizer
```

```
CountVectorizer(max_features=2000, min_df=2, ngram_range=(3, 6))
```

모든 설정이 끝나면 df['course']만 벡터화한다. shape로 확인해 보면 course에 있는 단어로는 2,410개 행과 2,000개 열을 만들 수 있다.

```
feature_vector = vectorizer.fit_transform(df['course'])
feature_vector.shape
```

```
(2410, 2000)
```

vectorizer에서 get_feature_names_out()으로 추출하면 단어가 3개에서 6개까지 묶여서 나온다. vocab[:5]로 단어 가방에 들어가는 배열(array) 형태도 확인할 수 있다.

```
vocab = vectorizer.get_feature_names_out()
print(len(vocab))
vocab[:5]
```

실행 결과

```
2000
array(['12개 만들면서 배우는', '12개 만들면서 배우는 ios', '12개 만들면서 배우
는 ios 아이폰', '12개 만들면서 배우는 ios 아이폰 개발', '12개를 만들며 배우는'],
dtype=object)
```

전체 단어 가방에서 해당 리뷰마다 등장하는 단어에 대한 빈도수를 head( )를 통해 확인해
보자. 행은 각 리뷰를 의미하며, 등장하는 단어의 빈도수를 확인할 수 있다. 0은 등장하지
않는다는 뜻인데, 단어 가방으로 벡터화하면 희소한 행렬이 만들어지는 단점이 있다. 이 책
에서는 지면상 생략되어 보이지 않지만 등장하는 단어는 빈도수가 표시된다.

```
pd.DataFrame(feature_vector[:10].toarray(), columns=vocab).head()
```

실행 결과

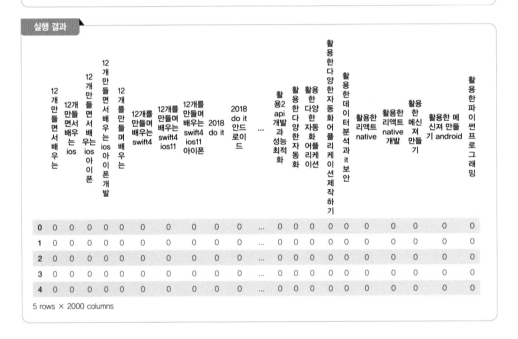

ngram_range를 (3, 6)으로 3~6개 토큰을 묶어서 사용했기 때문에 중복되는 강의가 있다.
np.sum( )으로 위에서 구한 단어 벡터를 더하면 단어가 전체에서 등장하는 횟수를 알 수 있
으므로 단어 가방에 몇 개의 단어가 들어 있는지 확인할 수 있다.

```
dist = np.sum(feature_vector, axis=0)
df_freq = pd.DataFrame(dist, columns=vocab)
df_freq
```

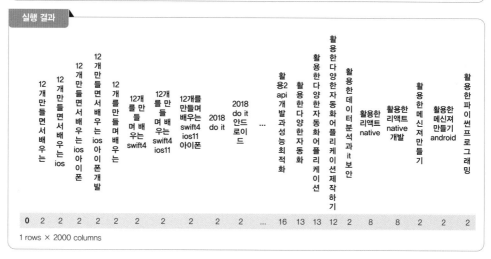

12개만들면서배우는	12개만들면서배우는 ios	12개만들면서배우는 ios 아이폰	12개만들면서배우는 ios 아이폰 개발	12개를 만들며 배우는	12개를 만들며 배우는 swift4	12개를 만들며 배우는 swift4 ios11	12개를 만들며 배우는 swift4 ios11 아이폰	2018 do it	2018 do it 안드로이드	...	활용2 api 개발과 성능 최적화	활용한 다양한 자동화 어플리케이션	활용한 다양한 자동화 어플리케이션 제작하기	활용한 데이터 분석과 it 보안	활용한 리액트 native	활용한 리액트 native 개발	활용한 메신저 만들기	활용한 메신저 만들기 android	활용한 파이썬 프로그래밍
0	2	2	2	2	2	2	2	2	2	...	16	13	13	12	2	8	8	2	2	2

1 rows × 2000 columns

행과 열의 축을 T로 전치해 행과 열의 위치를 바꿔 주고 빈도수로 정렬해 가장 많이 듣는 강의를 확인한다. T는 transpose( ) 기능을 사용하기 쉽게 만들어 준다.

```
df_freq.T.sort_values(by=0, ascending=False).head(10)
```

	0
nodebird sns 만들기	60
스프링 데이터 jpa	59
리액트로 nodebird sns	49
머신러닝 완벽 가이드	49
리액트로 nodebird sns 만들기	49
파이썬 머신러닝 완벽	49
프로그래밍과 자바스크립트 es6	48
파이썬 머신러닝 완벽 가이드	48
함수형 프로그래밍과 자바스크립트 es6	47
2020년 공부 목표	47

결과를 보면 두 번 이상 나오는 것들이 있다(nodebird sns, 머신러닝 완벽 등). 앞에서 ngram_range로 3 이상을 가져오도록 했기 때문에 중복이 생긴 것이다. 이 중복을 처리해 주자. ["course", "freq"]라는 열의 이름을 주어 위에서 만든 데이터 프레임을 변환한다.

```
df_freq_T = df_freq.T.reset_index()
df_freq_T.columns = ["course", "freq"]
df_freq_T.head()
```

	course	freq
0	12개 만들면서 배우는	2
1	12개 만들면서 배우는 ios	2
2	12개 만들면서 배우는 ios 아이폰	2
3	12개 만들면서 배우는 ios 아이폰 개발	2
4	12개를 만들며 배우는	2

❶ 중복을 제거하기 위해 강의명에서 지식공유자의 이름(***)을 빈 문자열로 변경한다.

❷ lambda 식을 사용해서 강의명을 x.split()으로 나눈 다음 [:4], 즉 앞에서 4개까지만 텍스트를 가져오고 다시 join으로 합친다. 중복된 텍스트를 구분해서 보기 위해서다.

❸ 빈도수를 기준으로 내림차순으로 10개를 미리 보기로 확인한다.

```
df_freq_T["course_find"] = df_freq_T["course"].str.replace("박조은", "")    ─❶
df_freq_T["course_find"] = df_freq_T["course_find"].apply(lambda x : " ".
join(x.split()[:4]))                                                        ─❷
df_freq_T.sort_values(["course_find", "freq"], ascending=False).head(10) ─❸
```

	course	freq	course_find
1999	활용한 파이썬 프로그래밍	2	활용한 파이썬 프로그래밍
1998	활용한 메신져 만들기 android	2	활용한 메신져 만들기 android
1997	활용한 메신져 만들기	2	활용한 메신져 만들기
1996	활용한 리액트 native 개발	8	활용한 리액트 native 개발
1995	활용한 리액트 native	8	활용한 리액트 native
1994	활용한 데이터분석과 it보안	2	활용한 데이터분석과 it보안
1992	활용한 다양한 자동화 어플리케이션	13	활용한 다양한 자동화 어플리케이션
1993	활용한 다양한 자동화 어플리케이션 제작하기	12	활용한 다양한 자동화 어플리케이션
1991	활용한 다양한 자동화	13	활용한 다양한 자동화
1989	활용2 api 개발과 성능	16	활용2 api 개발과 성능

3개의 ngram과 빈도수로 역순 정렬하면 빈도수가 높고 ngram 수가 많은 순으로 정렬된다. 여기서 drop_duplicates로 첫 번째 강의만 남기고 나머지 중복은 삭제한다.

```python
print(df_freq_T.shape)
df_course = df_freq_T.drop_duplicates(["course_find", "freq"], keep="first")
print(df_course.shape)
```

실행 결과

```
(2000, 3)
(1441, 3)
```

빈도수로 정렬하면 댓글에서 어떤 강의를 가장 많이 언급했는지 확인할 수 있다.

```python
df_course = df_course.sort_values(by="freq", ascending=False)
df_course.head(8)
```

실행 결과

	course	freq	course_find
319	nodebird sns 만들기	60	nodebird sns 만들기
1094	스프링 데이터 jpa	59	스프링 데이터 jpa
885	리액트로 nodebird sns 만들기	49	리액트로 nodebird sns 만들기
1761	파이썬 머신러닝 완벽	49	파이썬 머신러닝 완벽
906	머신러닝 완벽 가이드	49	머신러닝 완벽 가이드
884	리액트로 nodebird sns	49	리액트로 nodebird sns
1891	프로그래밍과 자바스크립트 es6	48	프로그래밍과 자바스크립트 es6
1762	파이썬 머신러닝 완벽 가이드	48	파이썬 머신러닝 완벽 가이드

전처리가 다 되었다면 csv 형태로 저장할 수 있다.

```python
df_course.to_csv("event-course-name-freq.csv")
```

LESSON 06

TF-IDF로 가중치를 주어 벡터화하기

KOREAN TEXT ANALYSIS FOR EVERYONE

앞에서는 빈도수를 기반으로 벡터를 만들었다. 전체 문서에 자주 등장하지 않더라도 해당 문서에 자주 등장하는 단어라면 중요한 단어로 볼 수 있다. 4장에서 다룬 TF-IDF 가중치를 적용하기 위해 TfidfTransformer()를 불러와 tfidftrans라는 변수로 지정하고 재사용한다. 참고로 TfidfVectorizer()를 사용하면 CountVectorizer()와 TfidfTransformer()를 한 번에 처리해 준다. CountVectorizer()와 TfidfTransformer()를 따로 사용할 때는 빈도 기반의 단어 가방과 TF-IDF 가중치를 적용한 값을 비교할 수 있다. TfidfVectorizer()를 사용하는 것이 더 간단하지만 목적에 맞는 방법을 선택하자.

```
# TfidfTransformer를 불러와서 가중치를 주어 벡터화
# transformer라는 변수로 저장하고 재사용한다.
from sklearn.feature_extraction.text import TfidfTransformer
tfidftrans = TfidfTransformer(smooth_idf=False)
tfidftrans
```

실행 결과

```
TfidfTransformer(smooth_idf=False)
```

fit_transform()으로 TF-IDF 가중치를 적용하고, 결과는 feature_tfidf 변수로 받는다.

```
feature_tfidf = tfidftrans.fit_transform(feature_vector)
feature_tfidf.shape
```

실행 결과

```
(2410, 2000)
```

이제 각 row에서 전체 단어 가방 모형에 등장하는 단어에 대한 one-hot-vector에 TF-IDF 가중치를 반영한 결과를 보자. `feature_tfidf.toarray()`로 배열을 만든 뒤 데이터 프레임으로 만들어 `tfidf_freq`라는 변수에 할당한 후 head()로 잘 처리됐는지 확인한다.

```
tfidf_freq = pd.DataFrame(feature_tfidf.toarray(), columns=vocab)
tfidf_freq.head()
```

실행 결과

	12개만들면서배우는 ios	12개만들면서배우는 ios	12개만들면서배우는 ios아이폰	12개만들면서배우는 ios아이폰개발	12개를 만들며 배우는	12개를 만들며 배우는 swift4	12개를 만들며 배우는 swift4 ios11	12개를 만들며 배우는 swift4 ios11 아이폰	2018 do it	2018 do it 안드로이드	...	활용2 api 개발과 성능 최적화	활용한 다양한 자동화	활용한 다양한 자동화어플리케이션	활용한 다양한 자동화어플리케이션 제작하기	활용한 데이터 분석과 it보안	활용한 리액트 native	활용한 리액트 native 개발	활용한 메신저 만들기	활용한 메신저 만들기 android	활용한 파이썬프로그래밍
0	0.0	0.0	0.0	0.0	0.0	0.0	0.0	0.0	0.0	0.0	...	0.0	0.0	0.0	0.0	0.0	0.0	0.0	0.0	0.0	0.0
1	0.0	0.0	0.0	0.0	0.0	0.0	0.0	0.0	0.0	0.0	...	0.0	0.0	0.0	0.0	0.0	0.0	0.0	0.0	0.0	0.0
2	0.0	0.0	0.0	0.0	0.0	0.0	0.0	0.0	0.0	0.0	...	0.0	0.0	0.0	0.0	0.0	0.0	0.0	0.0	0.0	0.0
3	0.0	0.0	0.0	0.0	0.0	0.0	0.0	0.0	0.0	0.0	...	0.0	0.0	0.0	0.0	0.0	0.0	0.0	0.0	0.0	0.0
4	0.0	0.0	0.0	0.0	0.0	0.0	0.0	0.0	0.0	0.0	...	0.0	0.0	0.0	0.0	0.0	0.0	0.0	0.0	0.0	0.0

5 rows × 2000 columns

sum()으로 `tfidf_freq`의 합계를 구한다. 합계를 구하는 이유는 TF-IDF 가중치를 적용하더라도 희소한 행렬이 만들어지기 때문에 각 피처마다 가중치가 제대로 적용됐는지 확인하기 위해서다.

```
df_tfidf = pd.DataFrame(tfidf_freq.sum())
df_tfidf_top = df_tfidf.sort_values(by=0, ascending=False)
df_tfidf_top.head(10)
```

	0
스프링 데이터 jpa	35.203215
파이썬 실전 활용	27.690173
nodebird sns 만들기	26.817724
머신러닝 완벽 가이드	24.470756
파이썬 머신러닝 완벽	24.470756
리액트로 nodebird sns	24.187518
리액트로 nodebird sns 만들기	24.187518
파이썬 머신러닝 완벽 가이드	23.569611
프로그래밍과 자바스크립트 es6	20.056301
함수형 프로그래밍과 자바스크립트 es6	19.143864

중간에 생략되는 단어는 어떤 것이 있는지 자세히 보고 싶다면 다음과 같이 코드를 작성한다.

```
for t in df_tfidf_top.index[:30]:
    print(t)
```

```
스프링 데이터 jpa
파이썬 실전 활용
nodebird sns 만들기
머신러닝 완벽 가이드
파이썬 머신러닝 완벽
리액트로 nodebird sns
리액트로 nodebird sns 만들기
파이썬 머신러닝 완벽 가이드
프로그래밍과 자바스크립트 es6
함수형 프로그래밍과 자바스크립트 es6
함수형 프로그래밍과 자바스크립트
따라하며 배우는 c언어
부트 개념과 활용
(…)
```

LESSON 07 군집화하기

KOREAN TEXT ANALYSIS FOR EVERYONE

 KMeans

K평균(KMeans) 군집화는 머신러닝의 비지도학습 기법 중 하나로, 주어진 데이터를 K개로 묶는 알고리즘이다. 군집 간 거리 차이의 분산을 최소화하는 방식으로 군집을 만들어 나간다.

더 구체적으로는, 데이터 집합에서 K개의 데이터 개체를 임의로 추출하고 각 클러스터의 중심점(centroid)을 초깃값으로 설정한다. 그리고 K개의 군집과 데이터 집합의 개체의 거리를 구해 각 개체가 어느 중심점과 가장 유사도가 높은지를 계산한다. 그렇게 찾은 중심점으로 다시 데이터 군집의 중심점을 계산하는 방법을 반복한다. 이때 거리를 구하는 방법은 7.2절의 유사도 분석에서 알아본 유클리드 거리 측정 방법을 사용한다.

그럼 K평균 군집화를 사용해 보자. 사이킷런에서 KMeans를 임포트한다. 이름에서 알 수 있는 것처럼 데이터 세트에 K개의 중심점을 설정해야 하고, 몇 개로 군집화할 것인지 정해야 한다. 군집화 개수를 정하기 위해 for 문을 돌리면서 군집화 개수를 알아보자.

❶ tqdm 라이브러리의 trange를 통해 진행 정도가 상태바처럼 채워지도록 시작과 끝 값을 설정한다. 진행 상황을 알지 못하면 프로그램이 멈춘 것처럼 보일 수 있다.

❷ 처음부터 중심점을 알기는 어렵다. 적절한 클러스터 개수를 알려면 이너셔(inertia) 값을 구해야 한다.

❸ random_state=42는 누가 파일을 돌리더라도 같은 값이 나오게 하기 위해 값을 고정하는 역할을 한다.

❹ fit()으로 학습시킨 후에 이너셔 값을 출력해 본다.

❺ 학습할 때는 feature_tfidf 값을 사용하고 kmeans.inertia_ 값을 이너셔 리스트에 저장한다.

```
from sklearn.cluster import KMeans
from tqdm import trange                                              —❶
inertia = []                                                         —❷

start = 10
end = 70

for i in trange(start, end):
    kmeans = KMeans(n_clusters=i, random_state=42)                   —❸
    kmeans.fit(feature_tfidf)                                        —❹,❺
    inertia.append(kmeans.inertia_)
```

실행 결과

```
100%|████████████████| 40/40 [00:38<00:00,  1.04it/s]
```

위에서 구한 값을 시각화해 보자. x축에는 클러스터의 수를, y축에는 이너셔 값을 넣어 그린다.

```
plt.plot(range(start, end), inertia)
plt.title("KMeans 클러스터 수 비교")
```

실행 결과

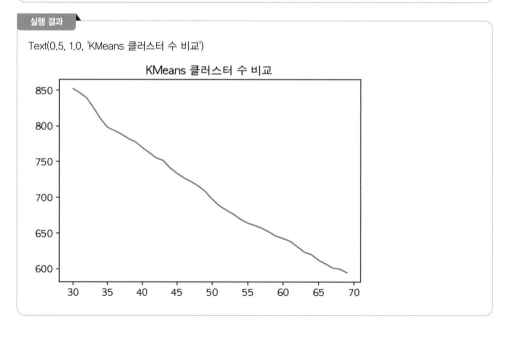

Text(0.5, 1.0, 'KMeans 클러스터 수 비교')

X축에 속하는 클러스터 수가 커질수록 이너셔 값이 감소한다. 보통 이상적인 방법이라면 이 너셔 값이 꺾이는 부분을 찾아 클러스터의 수를 정해 준다. 이너셔 값이 급격하게 꺾이는 지점을 찾아 군집으로 정하는 것을 팔꿈치가 꺾이는 것에 비유해 엘보(Elbow) 기법이라고 부른다. 하지만 현실세계 데이터를 다루다 보면 이론처럼 급격하게 꺾이는 지점이 나타나지 않을 수 있다. 또 클러스터의 수가 너무 많으면 군집화 값을 관리하기 어려울 수도 있다.

이 실습의 목적은 비슷한 강의끼리 분류하는 것이다. 급격하게 이너셔 값이 꺾이는 부분을 찾기는 어렵지만 강의를 나눌 때 50개 정도의 분류로 나눌 수 있다고 가정하겠다. 그래서 기울기가 충분히 줄어들었다고 보이는 50 정도를 n_clusters 값으로 넣어 준 후 값을 키우거나 줄여서 사용했다. 일단 n_clusters = 50으로 설정하고 fit()으로 학습시킨다.

```
n_clusters = 50
kmeans = KMeans(n_clusters=n_clusters, random_state=42)
kmeans.fit(feature_tfidf)
prediction = kmeans.predict(feature_tfidf)
df["cluster"] = prediction
```

결과는 cluster라는 새로운 열에 담는다. 그리고 value_counts()로 df["cluster"]의 빈도수를 구한다. 판다스의 value_counts()는 시리즈(series) 유일값의 빈도를 계산해 주는 함수다. 결과는 다음과 같이 인덱스가 유일값이고, 값은 빈도수인 판다스 시리즈 형태로 출력된다.

```
df["cluster"].value_counts().head(10)
```

실행 결과

```
1     1663
5       54
4       43
10      42
3       37
7       32
0       29
31      28
2       28
27      25
```

1번 그룹에 1,663개 데이터가 있고 2번 그룹에 28개 데이터가 있다. 구체적인 데이터를 보면서 분석하는 것은 다음 절에서 MiniBatchKMeans의 성능을 실험한 후에 해 보자.

2 MiniBatchKMeans

데이터가 많다면 군집화에 속도가 오래 걸린다. 이때 배치 사이즈를 지정해서 군집화를 진행하면 조금 빠르게 작업할 수 있다. batch_size를 쓸 수 있는 MiniBatchKMeans를 임포트해서 군집화해 보자. 배치 사이즈는 따로 지정하지 않고 기본값을 사용한다. KMeans와 마찬가지로.

1 │ 적절한 클러스터의 개수를 알기 위해 이너셔 값을 구한다.

2 │ trange를 통해 시작과 끝 값을 지정해 주면 tqdm을 통해 진행 정도를 알 수 있다.

3 │ b_inertia 리스트에 mkmeans.inertia_ 값을 넣어 준다.

```python
from sklearn.cluster import MiniBatchKMeans
b_inertia = []

for i in trange(start, end):
    mkmeans = MiniBatchKMeans(n_clusters=i, random_state=42)
    mkmeans.fit(feature_tfidf)
    b_inertia.append(mkmeans.inertia_)
```

실행 결과

```
(…)
100%|████████████| 60/60 [00:14<00:00,  4.00it/s]
```

위에서 구한 값을 시각화해 보자. x축에는 클러스터의 수를, y축에는 b_inertia 값을 넣어 그린다.

```python
plt.plot(range(start, end), b_inertia)
plt.title("MiniBatchKMeans 클러스터 수 비교")
```

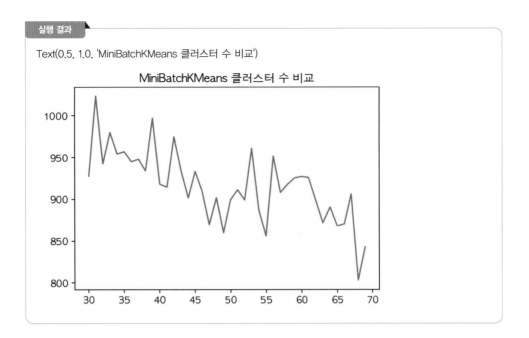

Text(0.5, 1.0, 'MiniBatchKMeans 클러스터 수 비교')

이너셔 값을 시각화하는 이유는 앞에서도 잠깐 언급한 엘보 기법을 사용하기 위해서다. y축의 이너셔 값은 가장 가까운 군집의 중심과 샘플의 거리 제곱합이다. 중심과 샘플의 거리가 가까울수록 군집이 잘 되었다고 볼 수 있기 때문에 이너셔 값이 작을수록 군집이 잘 되었다고 평가한다.

반복문을 통해 이너셔 값을 구할 때 첫 군집은 랜덤하게 군집의 중심을 설정하기 때문에 높은 값이 나올 수밖에 없다. 다음 군집부터는 거리를 계산해 군집의 중심을 이동하므로 중심과 군집은 점점 가까워지고 값이 점점 낮아지는 그래프가 그려진다. 이상적인 군집이라면 마치 팔꿈치가 꺾이듯이 이 값이 낮아지는 클러스터가 나타난다. 급격하게 꺾이는 부분이 있다면 그 값을 참고해 클러스터의 수를 정한다. 전처리가 잘 된 정형 데이터라면 팔꿈치처럼 급격하게 꺾이는 부분이 이상적으로 등장할 수 있지만 예제에서 사용하고 있는 비정형 텍스트 데이터에서는 이론처럼 급격하게 꺾이는 부분은 나타나지 않는다.

yellowbrick이라는 머신러닝 시각화 도구를 설치해 시각화해 볼 수도 있다.

```
!pip install yellowbrick
```

```
from yellowbrick.cluster import KElbowVisualizer

KElbowM = KElbowVisualizer(kmeans, k=70)
KElbowM.fit(feature_tfidf.toarray())
KElbowM.show()
```

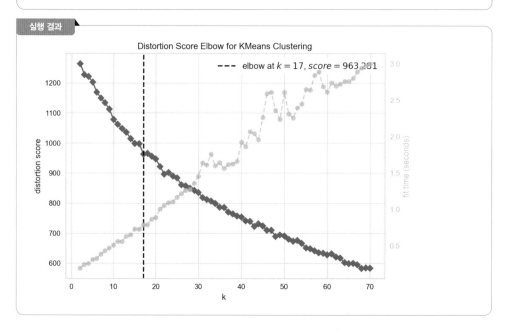

이제 MiniBatchKMeans로 학습하고, 그 결과를 bcluster라는 변수에 저장한다.

```
mkmeans = MiniBatchKMeans(n_clusters=n_clusters, random_state=42)
mkmeans.fit(feature_tfidf)
prediction = mkmeans.predict(feature_tfidf)
df["bcluster"] = prediction
```

bcluster의 빈도수를 계산한다.

```
df["bcluster"].value_counts().head(10)
```

```
25      1108
0        243
3        147
9         76
7         64
38        48
1         44
47        39
27        37
22        36
Name: bcluster, dtype: int64
```

어떤 강의명이 있는지 특정 클러스터(여기서는 21번)의 값을 보자.

```
df.loc[df["bcluster"] == 21, "course"].value_counts().head(1)
```

```
데이터 분석가 가 되고 싶은 현업 종사자 입니다. 2020년 목표는 파이썬을 통한 콜드/핫 데이
터의 전처리 능력 습득, 데이터 유형과 목적에 맞는 머신러닝 알고리즘을 적용한 모델링 구축
입니다. \n관심있는 강의는 ***의 파이썬 실전 활용 입니다.      1
Name: course, dtype: int64
```

bcluster 열의 값이 21인 데이터 프레임에서 bcluster, cluster, course 열의 값을 선택해서 미리
보기할 수 있다.

```
df.loc[df["bcluster"] == 21, ["bcluster", "cluster", "course"]]
```

	bcluster	cluster	course
567	21	9	데이터 분석가 가 되고 싶은 현업 종사자 입니다. 2020년 목표는 파이썬을 통한 ...

같은 방법으로 bcluster 열의 값이 24인 데이터 프레임에서 bcluster, cluster, origin_text,
course 열들을 선택한 후 tail(3)으로 뒤에 있는 3개의 값을 미리 보기해 보자.

```python
df.loc[df["bcluster"] == 24, ["bcluster", "cluster", "origin_text",
"course"]].tail(3)
```

실행 결과

	bcluster	cluster	origin_text	course
2073	24	1	대학을 와서 약 4년넘게 프로젝트를 제대로 해본적이 없는데 ₩n올해의 꼭 저만의 웹...	r로 하는 웹 크롤링 – 실전편,r로 하는 웹 크롤링 – 입문편, 스프링 부트 개념...
2139	24	1	2020년 목표: 조금 더 노력해서 하드한 ios 개발자 되기. 제발!!!₩n관심 ...	ios 개발을 위한 swift5 완벽 가이드
2187	24	1	Vue.js 잘 배워서 프로젝트 마무리하고 풀스택 개발자가 되어 올해에는 꼭 취뽀하...	vue.js 중급 강좌

3   클러스터 예측 평가하기

분류, 회귀 모델은 지도학습으로, 정답이 있기 때문에 정답과 예측값을 비교해 볼 수 있다. 하지만 군집화는 비지도학습으로, 정답이 없기 때문에 목적에 따라 평가 방법을 정해야 한다. 이미 앞에서 엘보 기법으로 군집 간 거리를 계산해 같은 군집끼리 거리가 가까운지, 다른 군집과의 거리가 어느 정도 되는지를 평가했다. 또 군집 결과를 분석해 보면서 평가할 수 있다. 댓글 분석의 목적이 정답이 없는 텍스트를 분류하는 것이었다면 비슷한 내용이 텍스트끼리 군집화했는지를 평가한다.

앞에서 구한 클러스터의 예측 정확도를 확인해 보자. n_clusters는 위에서 정의한 클러스터 수를 사용한다.

❶ unique(): 예측한 클러스터의 유일값을 구한다.

❷ where(prediction==label): 예측한 값이 클러스터 번호와 일치하는 것을 가져온다.

❸ mean(): 클러스터의 평균 값을 구한다.

❹ np.argsort(x_means)[::-1][:n_clusters]: 값을 역순으로 정렬해서 클러스터 수만큼 가져온다.

```
feature_array = feature_vector.toarray()
labels = np.unique(prediction)                                          —❶
df_cluster_score = []
df_cluster = []
for label in labels:
    id_temp = np.where(prediction==label)                              —❷
    x_means = np.mean(feature_array[id_temp], axis = 0)                —❸
    sorted_means = np.argsort(x_means)[::-1][:n_clusters]              —❹
    features = vectorizer.get_feature_names_out()
    best_features = [(features[i], x_means[i]) for i in sorted_means]
    # 클러스터별 전체 스코어를 구한다.
    df_score = pd.DataFrame(best_features, columns = ['features', 'score'])
    df_cluster_score.append(df_score)
    # 클러스터 대표 키워드
    df_cluster.append(best_features[0])
```

점수가 클수록 예측 정확도가 높다. MiniBatchKMeans로 예측한 값을 기준으로 정렬해 각 클러스터에서 점수가 높은 단어를 추출한다.

```
pd.DataFrame(df_cluster, columns = ['features', 'score']).sort_
values(by=["features", "score"], ascending=False)
```

실행 결과

	features	score
47	프로그래밍과 자바스크립트 es6	1.102564
18	프로그래밍 시작하기 파이썬 입문	1.000000
36	표준 jpa 프로그래밍	1.000000
39	파이썬을 이용한 it 해킹과	1.000000
21	파이썬 실전 활용	1.000000
32	파이썬 실전 활용	1.000000
28	코틀린 기반 안드로이드	0.315789
45	코드를 조작하는 다양한 방법	1.000000
12	취업을 위해 제대로 배워보는	0.117647
19	취업을 위한 알고리즘	1.000000
38	제주코딩베이스캠프 code festival	0.083333

(…)

다음 코드를 통해 bcluster 열의 값이 28인 행들의 bcluster, cluster, origin_text, course 열의 값을 가져와서 같은 강의끼리 잘 묶였는지 확인한다.

```
df.loc[df["bcluster"] == 28, ["bcluster", "cluster", "origin_text",
"course"]]
```

실행 결과

	bcluster	cluster	origin_text	course
111	28	1	번 아웃에 빠졌어요. 새로운거 해보려 구요.₩n#관심강의 : 유니티 기초 강좌 – 기...	유니티 기초 강좌 – 기획부터 사용까지
122	28	1	R 데이터분석의 전문가가 되고싶어 용₩n#관심강의 : R로 하는 텍스트마 이닝 (Top...	r로 하는 텍스트마이닝 (top keyword부터 감성분석까지)
459	28	1	웹 프론트엔드 개발자가 되기 위해 공부하고 있습니다.₩n#관심강의 : Redux v...	redux vs mobx (둘 다 배우자!)
620	28	1	컴공 대학교 졸업후 진로에 대해 생각 해 볼 틈도 없이 바로 취업을 했습니다. 모바일...	컴공 대학교 졸업후 진로에 대해 생각해 볼 틈도 없이 바로 취업을 했습니다. 모바일...
992	28	1	일반회사원으로 일하고 있는데요. ₩n 자기개발 및 커리어 전환을 위해서 개 발자관련 강...	r로 하는 텍스트마이닝 (top keyword부터 감성분석까지), 쉽고 빠르게 끝...
996	28	1	코틀린으로 역량을 강화시켜서 기가 막히고 코가 막히는 앱을 만들고 싶습니다.	코틀린 기반 안드로이드 앱개발 고급 3단계
1028	28	1	2020 올해의 목표는 제가 만든 웹서비스를 출시해보는 것입니다. 웹 서비스를 만드...	2020 올해의 목표는 제가 만든 웹서비스를 출시해보는 것입니다. 웹 서비스를 만드...
1314	28	1	공부열심히 해서 올해는 꼭 개인 안드 로이드 앱을 개발 & 배포하겠습니다 !!₩n/ ...	공부열심히 해서 올해는 꼭 개인 안드로이드 앱을 개발 & 배포하겠습니다 !!₩n/ ...

4 실루엣 계수 분석하기

실루엣 계수 분석은 군집화했을 때 같은 군집 내 샘플 간 거리가 얼마나 가까운지 다른 군집 중 가장 가까운 군집과의 거리는 얼마나 먼지를 측정하는 것으로 평가한다. 실루엣 계수는 데이터 세트에 대한 실측 정보를 알 수 없을 때 사용하며 모델에서 계산된 클러스터의 밀도를 계산한다.

점수는 각 샘플의 평균 클러스터 내 거리와 각 샘플의 평균 최근접 클러스터 거리 간 차이로 계산된 각 샘플의 실루엣 계수를 평균해 최댓값으로 정규화해 계산하며, 1과 −1 사이의 점수를 생성한다. 1에 가까울수록 클러스터가 잘 이루어진 군집이고 −1은 중첩된 군집이다. 이상적인 군집은 그림 8-2와 같은 모습을 나타낸다. 이 그림은 실루엣 계수를 구하고 시각화해 주는 도구인 Yellowbrick의 예다. 붉은색 선은 실루엣 계수의 평균을 나타내며 이상적으로 군집이 잘 되었을 때 이와 같은 그래프가 그려지게 된다.

그림 8-2 | 실루엣 계수의 이상적인 군집

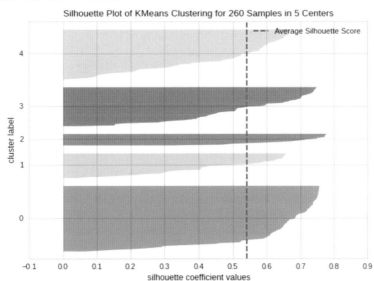

이벤트 텍스트로 군집화한 실루엣 계수를 확인해 보자.

```
from yellowbrick.cluster import SilhouetteVisualizer
visualizer = SilhouetteVisualizer(mkmeans, colors='yellowbrick')

visualizer.fit(feature_tfidf.toarray())
visualizer.show()
```

실행 결과

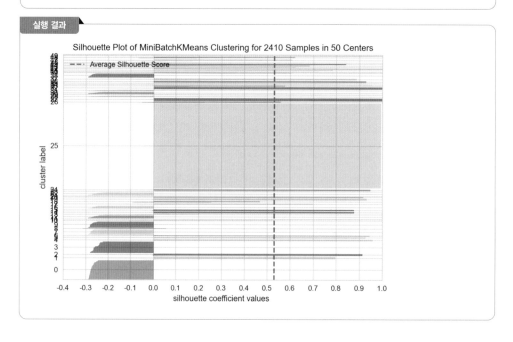

25번 군집에 너무 많은 데이터가 몰려 있고, 군집의 실루엣 계수가 음수로 나타나는 것들도 있다. 이런 군집은 다른 군집과 겹치는 부분이 많아서 제대로 군집되지 않았음을 나타낸다. 정형 데이터에 비해 비정형 텍스트 데이터를 군집화할 때는 전처리, 정규화, 벡터화 등을 고려해야 한다.

이 장에서는 현실세계의 텍스트를 거의 그대로 사용했다. 학습 데이터 세트로 만들어진 KLUE 데이터 세트에도 군집화 방법을 똑같이 적용해 볼 수 있다. 같은 방법이라도 어떤 데이터에 적용하는지에 따라 결과가 달라지기 때문에 다양한 데이터에 적용해 보자. 추후 복잡한 텍스트 데이터를 분석해 보는 데 도움이 될 것이다.

9장

ChatGPT를 사용한
문장 생성 자동화

LESSON
OT 들어가며

최근 생성 모델이 이미지와 텍스트에서 모두 좋은 성과를 내고 있다. 아래 그림은 diffusion 모델의 데모 페이지를 통해 '장난감 검을 들고 있는 마법사'를 그려 달라고 한 결과다.

그림 9-1 | 이미지 생성 url: https://huggingface.co/spaces/stabilityai/stable-diffusion[1]

생성 모델은 위 그림에 있는 마법사처럼 원하는 결과를 뚝딱 얻을 수 있지만 아직 고정된 결과물을 일관성 있게 얻을 수 있을 만큼 기술이 발전하지는 않았다.

---

1   라이선스: CreativeML OpenRAIL++ 라이선스가 부여된다. 작성자는 사용자가 생성한 결과물에 대해 어떠한 권리도 주장하지 않고 사용자는 이를 자유롭게 사용할 수 있으며 본 라이선스에 명시된 조항에 위배되지 않아야 하는 책임이 있다고 명시되어 있다. 이 라이선스는 법률을 위반하는 콘텐츠를 공유하거나, 사람에게 해를 끼치거나, 해를 끼칠 수 있는 개인 정보를 유포하거나, 잘못된 정보를 퍼뜨리거나, 취약한 집단을 표적으로 삼는 행위를 금지한다.

또한, 인류의 지혜를 학습시키는 데 비용이 많이 드는 기술인 만큼 사용자가 어떻게 사용하는가에 따라 양날의 칼이 될 수 있다. ChatGPT 주의 사항에 나와 있는 것처럼 거짓 정보(hallucination)나 민감한 정보가 생성될 수 있으므로 비판적으로 받아들이고 주의 깊게 사용해야 한다.

이 장에서는 ChatGPT 류의 생성 모델 개념과 이를 활용해 앞에서 배운 내용들을 심화할 수 있는 방법에 대해 알아보겠다.

LESSON 01

생성 모델의 개념

KOREAN TEXT ANALYSIS FOR EVERYONE

딥러닝을 연구하는 분야에서는 오랫동안 자연어 이해와 자연어 생성을 구분하려는 흐름이
있었고 이는 모델 발전에도 영향을 미쳤다.

그림 9-2 | 자연어 처리 세분화

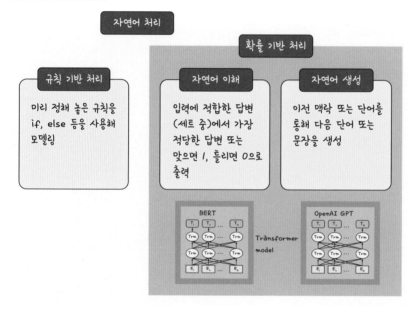

자연어 처리에 많이 쓰이는 모델로는 제이콥 델빈(Jacob Devlin, 2019)이 제안한
BERT(Bidirectional Encoder Representations from Transformer) 기반의 모델과 생성에 사용되
는 GPT(Generative Pre-trained Transformer) 계열의 모델이 있다. 이름에서 알 수 있는 것처
럼 BERT 모델과 GPT 모델은 모두 트랜스포머(Transformer) 아키텍처를 사용한다.

그림 9-3 | 델빈 외 트랜스포머 아키텍처와 어텐션 구조[2]

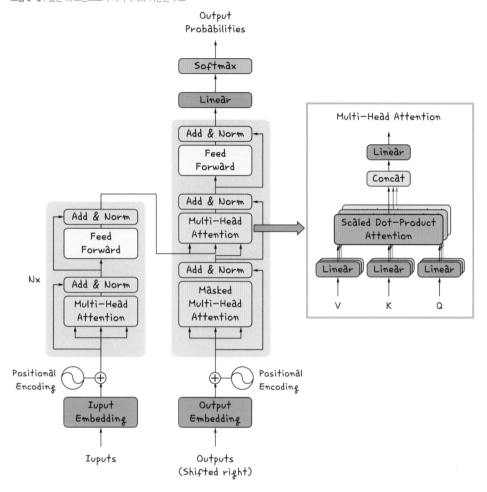

두 모델은 학습 방법에 차이가 있다.

■ BERT 모델

양방향(bidirectional) 언어 모델로, 사전 학습 단계에서 입력 문장의 좌우 문맥을 모두 고려하여 단어의 임베딩 벡터를 생성한다. 이후 미세 조정(fine-tuning) 단계에서 해당 과제의 데이터로 추가 학습하여 성능을 개선한다. 학습할 때는 주어진 입력 문장에서 특정 토큰의

---

2 이미지 출처 : Ashish Vaswani and Noam Shazeer and Niki Parmar and Jakob Uszkoreit and Llion Jones and Aidan N. Gomez and Lukasz Kaiser and Illia Polosukhin(2017), Attention is All You Need, https://arxiv.org/pdf/1706.03762.pdf

위치에 대한 임베딩 벡터를 출력하는데, 이를 이용해 다양한 자연어 이해 과제에서 주로 쓰인다.

■ GPT 모델

단방향(unidirectional) 언어 모델로, 이전 단어들을 이용하여 다음 단어를 생성하도록 학습되기 때문에 주로 생성 과제에 사용된다. 가령, '우리 강아지는 매우 (   ).'라는 문장이 있을 때 GPT 모델은 괄호 안에 들어갈 수 있는 '장난을 좋아한다' 또는 '작다' 등의 단어를 예측한다. 다음은 AllenNLP의 데모[3]에서 GPT 모델에 My dog is very를 입력한 경우 다음 문장으로 올 수 있는 단어 연쇄의 확률이다.

그림 9-4 | 문장 생성 이미지

Prediction	Score
My dog is very playful and I love to ⋯	75.1%
My dog is very small and she's very ⋯	20.5%
My dog is very excited about this new package ⋯	2.2%
My dog is very very happy with his situation ⋯	1.9%
My dog is very careful to keep her safe ⋯	0.3%

My dog is very playful and I love to sing and play with her ⋯ 와 같이 앞에 주어지는 문장의 길이와 선택 가능성에 따라 뒤에 올 수 있는 단어의 수는 제한적이다.

---

3 https://demo.allennlp.org/next-token-lm

LESSON 02
생성 모델의 파라미터 크기와 종류

KOREAN TEXT ANALYSIS FOR EVERYONE

다음은 거대 언어 모델(Large Language Model, LLM)이라고 부르는 트랜스포머 아키텍처의 파라미터 개수다. 생성 모델로 잘 알려진 OpenAI의 GPT를 보자. GPT 계열의 모델은 파라미터 개수를 늘리면서 성능이 향상시키는 결과를 보여 주었다.

그림 9-5 | 가디 싱어(Gadi Singer, 2021) 주요 트랜스포머 아키텍처의 파라미터 개수[4]

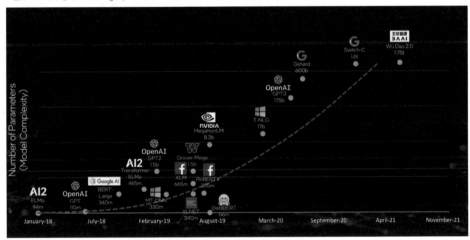

GPT 모델은 위 그림에서 볼 수 있는 세 모델(GPT, GPT-2, GPT-3)과 2023년 3월에 발표한 GPT-4까지 여러 모델이 나왔다. GPT에서는 파라미터 개수가 110m이었으나, GPT-3에서는 175b까지 늘었다. 파라미터 개수와 크기는 머신러닝 모델의 크기를 측정하는 방법 중 하나다. 모델의 파라미터는 가중치(weight)와 편향(bias) 같은 모델 내부의 조절 가능한 매개 변수에 직접 영향을 받기 때문이다.

---

4 출처 : https://towardsdatascience.com/no-one-rung-to-rule-them-all-208a178df594

모델의 파라미터 크기는 모델의 구조, 즉 층(layer)의 개수와 크기, 그리고 각 층에서 사용하는 필터(filter)와 커널(kernel)의 개수와 크기 등에 따라 결정된다. 파라미터 크기가 크면 모델의 용량이 커지기 때문에 더 복잡하고 다양한 특징을 학습할 수 있다. 하지만 파라미터 크기가 커질수록 모델의 학습 시간이 더 오래 걸리고, 과적합 같은 문제가 발생할 가능성도 높아진다.

2022년 11월 공개된 ChatGPT는 GPT-3.5 모델로 ChatGPT라는 이름에서도 알 수 있는 것처럼 대화 방식으로 상호 작용하는 대규모 언어 모델(LLM)이다.

그림 9-6 | ChatGPT 메인 페이지

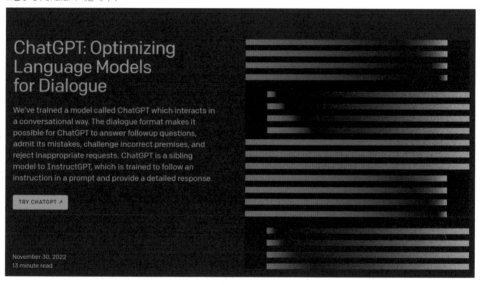

ChatGPT는 프롬프트의 지시에 따라 자세하게 응답하도록 훈련된 InstructGPT의 형제 모델로 인간이 선호하는 방식으로 피드백을 주어서 대답하도록 훈련되었다고 한다. 현재 GPT-3.5 모델에 대한 논문이나 모델은 공개되지 않아 InstructGPT 논문을 중심으로 작동 방식을 짐작할 수 있을 뿐이다.

ChatGPT 사용하기

KOREAN TEXT ANALYSIS FOR EVERYONE

ChatGPT에 들어가 로그인해 보자.

그림 9-7 | 로그인 화면[5]

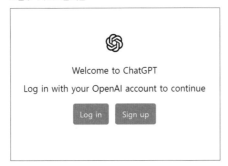

로그인하면 다음과 같은 화면을 볼 수 있다.

그림 9-8 | Enter code

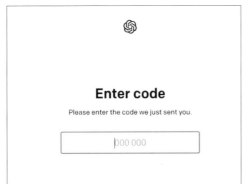

코드를 넣으면 화면 아래에 있는 질문을 입력하는 창에 프롬프트가 깜박거리고 있을 것이다.

---

5 https://chat.openai.com/auth/login

ChatGPT를 사용하는 방법을 안내해 달라고 부탁해 보자. 참고로 ChatGPT 답변 부분은 전혀 다듬지 않고 그대로 실었다.

그림 9-10 | ChatGPT 사용 방법

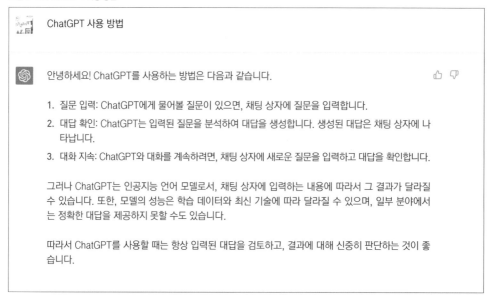

질문을 입력하면 대답을 확인하고 대화를 지속하는 방법으로 작동한다. 아래에 있는 'Regenerate response'를 클릭하면 같은 질문에 대한 새로운 답을 생성해 주기도 한다. 제프 딘 (Jeff Dean)의 블로그[6]에서는 1회용 검색과 달리 생각의 사슬(chain of thought) 방식으로 대화했을 때 생성 모델이 더 좋은 성능을 보여 준다는 것을 다음과 같은 예로 설명하고 있다.

그림 9-11 | 생각의 사슬 방식에 따른 프롬프트와 응답[7]

Standard Prompting

Input

Q: Roger has 5 tennis balls. He buys 2 more cans of tennis balls. Each can has 3 tennis balls. How many tennis balls does he have now?

A: The answer is 11.

Q: The cafeteria had 23 apples. If they used 20 to make lunch and bought 6 more, how many apples do they have?

Model Output

A: The answer is 27.

Chain of Thought Prompting

Input

Q: Roger has 5 tennis balls. He buys 2 more cans of tennis balls. Each can has 3 tennis balls. How many tennis balls does he have now?

A: Roger started with 5 balls. 2 cans of 3 tennis balls each is 6 tennis balls. 5 + 6 = 11. The answer is 11.

Q: The cafeteria had 23 apples. If they used 20 to make lunch and bought 6 more, how many apples do they have?

Model Output

A: The cafeteria had 23 apples originally. They used 20 to make lunch. So they had 23 - 20 = 3. They bought 6 more apples, so they have 3 + 6 = 9. The answer is 9. ✔

왼쪽의 경우 간단한 계산 질문에도 잘못된 결과를 도출했지만 오른쪽과 같이 질문과 대답에 대한 예시를 제공하는 경우 정답을 잘 도출하는 것을 볼 수 있다는 것이다. ChatGPT에게 위 지문을 한국어로 번역해 달라고 부탁한 후 번역 결과를 바탕으로 계산하도록 해 보았다.

---

6 Wei, J., Wang, X., Schuurmans, D., Bosma, M., Chi, E.H., Le, Q., & Zhou, D. (2022). Chain of Thought Prompting Elicits Reasoning in Large Language Models. ArXiv, abs/2201.11903.에서도 같은 이미지에 대한 설명을 참고할 수 있다.

7 출처: https://ai.googleblog.com/2023/01/google-research-2022-beyond-language.html

그림 9-12 | 생각의 사슬 방식에 따른 한국어 프롬프트와 응답

Q : 로저는 테니스공을 5개 가지고 있습니다. 그는 2캔의 테니스공을 더 구매했습니다. 각 캔마다 테니스공이 3개씩 들어있습니다. 그가 지금 몇 개의 테니스공을 가지고 있습니까?

로저가 처음에 가지고 있던 테니스공은 5개입니다. 그리고 그는 2개의 캔에 각각 3개의 테니스공을 구매했으므로, 총 2 x 3 = 6개의 테니스공을 추가로 얻었습니다.

따라서 로저가 지금 가지고 있는 테니스공은 처음 가지고 있던 5개와 구매한 테니스공 6개를 합한, 총 11개입니다.

Q : 급식실에는 23개의 사과가 있었습니다. 그들은 20개를 점심을 만드는 데 사용하고 6개를 더 구입했습니다. 그들은 지금 몇 개의 사과를 가지고 있습니까?

급식실이 처음에 가지고 있던 사과의 수는 23개입니다. 그리고 20개의 사과를 사용했으므로, 23 - 20 = 3개의 사과가 남았습니다.

그들은 이제 6개의 사과를 추가로 구입했으므로, 3 + 6 = 9개의 사과가 현재 남아 있습니다.

따라서 급식실이 지금 가지고 있는 사과는 9개입니다.

실험 결과 ChatGPT는 단답형이나 생각의 사슬 방식으로 프롬프트에 모두 정답을 잘 도출해 내는 모습을 보여 주었다. 만약 생성 모델을 통해 복잡한 문제를 해결할 때나 기대와 다른 출력 결과를 얻었을 때는 예시를 들거나 질문을 바꾸거나 추가로 질문하면 좀 더 원하는 결과에 가까운 출력을 얻을 수 있다.

또한, '차근차근 생각해 보자(Let's think about step by step)', '자세히 설명해 주세요', '어린아이에게 알려 주는 스타일로 설명해 주세요' 등도 좋은 결과를 얻을 수 있는 훌륭한 가이드 역할을 한다. GPT 모델은 문장이 중간에 반복되거나 끊어지는 듯한 결과를 보여 줄 때가 있는데 이 역시 '좀 더 설명해 주세요' 등을 입력해 이어 말하도록 유도할 수 있다.

재미있는 사용 예로, 연구가 아니라 타로 카드 점 같은 복잡해 보이는 서비스에도 응용할 수 있다. 김태영(AIFACTORY) 님의 ChatGPT로 타로 카드 점치기(카드 이미지 표시 + 질문 해석 + 한글 프롬프트)[8]를 보자. 다음과 같이 근사한 결과를 얻을 수 있다.

그림 9-13 | ChatGPT로 타로 카드 점치기

 해석:

당신은 스트레스와 불안을 느끼고 있는 것 같습니다. The Hermit 카드는 외부의 자극에서 독립하고, 내면에서의 집중과 명상을 통해 스트레스와 불안을 극복하는 것을 추천합니다.

Seven of Cups 카드는 현재 여러 가지 선택과 선택의 폭발적인 확대를 경험하고 있음을 나타내며, 이것이 당신이 스트레스를 느끼는 원인 중 하나일 수 있습니다. 이 카드는 당신이 현재 상황에서 진실된 가치관과 목표를 잃지 않도록 주의하라는 것을 상기시킵니다.

Nine of Wands 카드는 당신이 끈질기고 인내심이 강한 사람임을 나타내면서도, 지친 상태에서 여전히 방어 태세를 유지하고 있음을 보여 줍니다. 그러나 이 카드는 당신이 과도한 노력과 많은 일을 하면서도 한계에 도달하고 있음을 암시합니다. 이 질문에 대한 답을 위해서는 좀 더 심도 있는 분석과 전략이 필요합니다. 현재 일하는 상황에 대한 탐색을 통해 새로운 도전을 받아들일 준비를 하는 것이 좋을 수 있습니다. 이는 단순히 이직을 고려하는 것이 아니라, 현재 상황에서 무엇을 배우고 발전시킬 수 있는지 고민하며, 더 나은 선택을 내릴 수 있도록 도와줄 것입니다.

타로 게임 프롬프트는 생성될 때마다 다른 결과를 내는 ChatGPT에 적합한 게임이라고 할 수 있다. ChatGPT에 추가로 사용할 수 있는 설명과 예시는 공식 문서를 참조하면 좋다.

---

8 프롬프트의 내용 참고: https://aifactory.space/competition/2286/discussion/185?fbclid=IwAR217YuUaKRDrG7XuDtxN G2QRv0EvOb5a3w52a7zuDfYlobEs2kdkU_4HOE

이번에는 이 책을 읽으면서 잘 이해가 되지 않을 수 있는 부분에 대해 추가 설명을 요청해 보았다. 먼저 이전 장에서 배운 실루엣 계수에 대한 추가 설명을 부탁해 보았다.

그림 9-14 | ChatGPT 응답 예시

실루엣 계수에 대해 자세히 설명해 주세요.

실루엣 계수(Silhouette coefficient)는 클러스터링 결과의 품질을 측정하는 지표 중 하나로, 각 데이터 포인트가 속한 클러스터의 응집성(cohesion)과 다른 클러스터와의 분리도(separation)를 고려하여 계산됩니다.

실루엣 계수는 다음과 같이 계산됩니다.

1. 응집성(cohesion) 계산: 데이터 포인트 i와 같은 클러스터 내의 다른 데이터 포인트들과의 평균 거리 a(i)를 계산합니다.
2. 분리도(separation) 계산: 데이터 포인트 i와 가장 가까운 다른 클러스터와의 평균 거리 b(i)를 계산합니다.
3. 실루엣 계수 계산: 데이터 포인트 i의 실루엣 계수 s(i)는 다음과 같이 계산됩니다.

    s(i) = (b(i) − a(i)) / max(a(i), b(i))

    이 식에서 max(a(i), b(i))는 두 값 중에서 큰 값을 의미합니다.

실루엣 계수는 −1에서 1 사이의 값을 가지며, 값이 높을수록 클러스터링의 품질이 좋다고 판단할 수 있습니다. 값이 1에 가까울수록 해당 데이터 포인트가 잘 클러스터링되어 있고, 값이 0에 가까울수록 불분명한 경계선에 위치하거나 중첩되어 있는 것으로 판단됩니다. 값이 음수인 경우는 거리 계산에 의해 다른 클러스터와 더 가까이 위치한 경우로, 해당 클러스터링 결과는 좋지 않다고 판단됩니다.

실루엣 계수는 각 데이터 포인트마다 계산되기 때문에, 모든 데이터 포인트의 실루엣 계수의 평균값이 클러스터링의 전체적인 품질을 나타내는 지표로 사용됩니다. 이를 통해 클러스터링 결과의 품질을 측정하고, 클러스터링 알고리즘을 개선하는 데 활용할 수 있습니다.

잘 설명했지만 너무 어렵게 설명한 듯하므로 더 쉽게 설명해 달라고 다시 부탁했다.

그림 9-15 | 대답 스타일을 변경한 ChatGPT 응답 예시

실루엣 계수에 대해서 초등학생에게 설명하는 것처럼 쉽게 설명해 주세요.

실루엣 계수는 데이터 포인트가 속한 클러스터 내부의 유사성과, 다른 클러스터와의 차이를 측정하는 지표입니다.

예를 들어, 우리가 5명의 학생들의 수학과 영어 점수를 가지고 클러스터링을 하려고 한다고 해 봅시다. 우리는 k-means 알고리즘을 사용하여 2개의 클러스터로 나눌 수 있습니다.

실루엣 계수는 이때 각 학생이 자신이 속한 클러스터 내에서 얼마나 비슷한지를 나타내는 값을 제공합니다. 만약 한 학생이 자신이 속한 클러스터 내에서 다른 학생들과 유사하다면, 그 학생의 실루엣 계수는 높아집니다. 반면에, 만약 한 학생이 자신이 속한 클러스터 내에서 다른 학생들과 차이가 많이 나면, 그 학생의 실루엣 계수는 낮아집니다.

따라서 더 높은 실루엣 계수는 더 좋은 클러스터링을 의미합니다. 이를 통해 우리는 어떤 클러스터링 방법이 더 나은지를 판단할 수 있습니다.

괄호 안에 있던 영어도 사용하지 않고 예를 들어 쉽게 설명한 결과를 얻었다. 코드에 대한 설명이 필요할 때도 사용할 수 있다. 이번에는 8장의 시각화 코드에 대한 설명을 부탁했다.

그림 9-16 | ChatGPT 응답 예시

아래 코드를 설명해 주세요.

```
from yellowbrick.cluster import SilhouetteVisualizer
visualizer = SilhouetteVisualizer(mkmeans, colors='yellowbrick')

visualizer.fit(feature_tfidf.toarray())
visualizer.show()
```

해당 코드는 yellowbrick 라이브러리의 SilhouetteVisualizer 클래스를 이용하여 클러스터링 결과를 시각화하는 코드입니다.

SilhouetteVisualizer는 k-means, DBSCAN, hierarchial clustering 등의 클러스터링 알고리즘에서 각 샘플의 Silhouette coefficient 값을 계산하고 시각화합니다. Silhouette coefficient는 클러스터 내부 샘플 간 거리와 클러스터 간 거리를 비교해 클러스터의 조밀성과 분리도를 측정하는 지표입니다. Silhouette coefficient 값이 높을수록 클러스터링 결과가 좋다는 것을 의미합니다.

위 코드에서 mkmeans는 k-means 모델 객체를 나타냅니다. feature_tfidf는 특징 매트릭스입니다. toarray() 함수는 희소 행렬로 표현된 feature_tfidf를 dense 행렬로 변환합니다. 이렇게 변환한 특징 매트릭스를 SilhouetteVisualizer에 맞게 입력하고, fit() 함수를 호출하여 Silhouette coefficient 값을 계산합니다. 마지막으로 show() 함수를 호출하여 시각화합니다. 시각화 결과는 클러스터마다 색깔이 다르게 표시되며, Silhouette coefficient 값이 높을수록 색깔이 진해집니다. 클러스터링 결과를 평가하고 비교할 수 있도록 도와줍니다.

답변을 읽다가 중간에 이해되지 않는 설명이 있으면 추가로 설명을 요청하면 된다. ChatGPT는 동일한 대화창이 연속될 때 이전 대화를 기억해 다음 질문에 답할 수 있으므로 연속된 질문으로 답을 얻기에 용이하다.

또한, 코드에 대한 설명 외에도 개요 쓰기, 광고 문구 만들기, 유사어로 바꿔 쓰기, 요약하기 등 다양하게 사용할 수 있다. 특정 사이트에서 크롤링하는 코드를 작성해 달라고 하거나 논문 요약, 연구 질문 작성 등 매일 반복하는 일을 부탁하기에도 편리하다.[9]

2023년 3월 15일, GPT-4가 발표되었다. 유료 서비스($20/month)이기 때문에 ChatGPT(GPT-3.5)와 어떤 차이가 있는지만 간략히 살펴보겠다. https://openai.com/blog/chatgpt-plus나 대화창의 최하단에 있는 'account'를 클릭하여 결제하면 다음과 같이 GPT 버전을 선택할 수 있는 창이 생성된다.

그림 9-17 | GPT 버전 선택 창

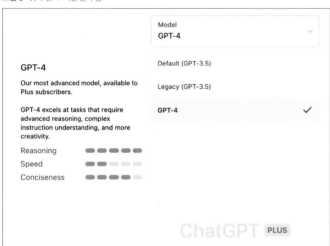

이미지에 나와 있는 것처럼 이전 버전에 비해서 추론 능력과 속도가 향상되었고 좀 더 간결하게 설명하는 모델이라고 한다. 그 외에 이미지를 보고 이해할 수 있다거나 한국어를 더 잘 이해한다는 보고도 있다.[10]

---

9 이를 자동화한 확장 프로그램 ArxivGPT를 활용하는 것도 유용할 것이다: https://github.com/hunkimForks/chatgpt-arxiv-extension

10 다음 링크를 보면, GPT-4의 특징은 '이미지 이해, 잘 속지 않음, 긴 메모리, 다국어 지원, 개성(personalities) 표현이 가능함'이라고 한다: https://tcrn.ch/3z1rWKK

GPT-4[11]에 보고한 성능 지표를 통해 좀 더 자세한 내용을 살펴볼 수도 있다. 그림 9-18을 보면 변호사 시험에 해당하는 Uniform Bar Exam(MBE+MEE+MPT)은 GPT-3.5에 비해 GPT-4에서 성능이 향상되었지만 쓰기에 해당하는 GRE Writing은 비슷한 성능이다.

그림 9-18 | 성능 지표

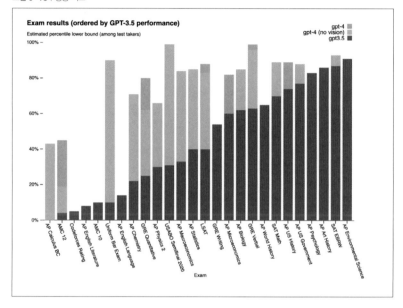

사용자가 느끼는 차이를 확인해 보기 위해서 앞에서 했던 '실루엣 계수'에 대한 질문을 통해 답변을 비교해 보자.

---

11 https://openai.com/research/gpt-4

그림 9-19 | 실루엣 계수에 대한 답변

 실루엣 계수에 대해서 친구에게 설명하는 것처럼 다정하게 설명해 줘.

 안녕, 친구야! 오늘은 실루엣 계수(Sihouette Coefficient)에 대해 얘기해 볼게. 실루엣 계수는 군집화(클러스터링) 알고리즘의 성능을 평가하는 방법 중 하나로, 클러스터링이 잘 되었는지 확인할 수 있는 지표야.

군집화 알고리즘은 데이터를 유사한 특성을 가진 그룹으로 나누는데, 실루엣 계수를 이용하면 그룹화가 잘 되었는지 측정할 수 있어. 실루엣 계수는 −1에서 1 사이의 값을 가지며, 높은 값일수록 군집화가 잘 된 것으로 평가돼.

실루엣 계수를 계산할 때 두 가지 요소를 고려해야 해. 하나는 군집 내 샘플 간 거리를 나타내는 응집력(cohesion)이고, 다른 하나는 군집 간 거리를 나타내는 분리도(separation)야.

응집력은 같은 군집에 속한 데이터 포인트들이 얼마나 가까운지를 평가하는 지표로, 낮을수록 좋아. 분리도는 서로 다른 군집 간의 거리를 측정하는 지표로, 높을수록 좋아.

실루엣 계수는 이 두 요소를 토대로 계산되어, 군집 내 데이터 포인트들의 유사도가 높고, 군집 간 데이터 포인트들의 유사도가 낮을수록 높은 값을 가지게 돼. 실루엣 계수가 1에 가까울수록 클러스터링이 잘 되었다고 판단할 수 있고, 0에 가까우면 클러스터링이 보통이며, −1에 가까울수록 클러스터링이 잘 되지 않았다고 판단해.

이렇게 실루엣 계수를 활용하면, 군집화 알고리즘의 성능을 쉽게 평가할 수 있어서 유용한 도구가 되어 줘. 궁금한 점이 있으면 언제든 물어봐!

친구처럼 반말을 유지하면서 일관성 있게 잘 설명한다. 그럼 다음 대화에서도 같은 어조를 유지하면서 잘 대답하는지 추가로 질문해 보자. 8장에서 문제가 되었던 데이터의 편중 문제에 대해 질문해 보겠다.

그림 9-20 | 추가 질문에 대한 답변

 군집화한 실루엣 계수를 보니까 한쪽으로 군집이 너무 쏠려 있는데 어떻게 하지?

군집이 한쪽으로 너무 쏠려 있다면, 클러스터링 알고리즘의 성능을 개선하기 위해 몇 가지 방법을 시도해 볼 수 있어. 여기 몇 가지 제안이 있어:

1. **파라미터 조절:** 현재 사용 중인 군집화 알고리즘의 파라미터를 조절해서 더 나은 결과를 얻어 봐. 예를 들어, k-평균 알고리즘의 경우 클러스터 개수(k)를 조절해 봐.
2. **특성 스케일링:** 데이터의 특성들이 서로 다른 범위를 가지고 있다면, 특성 스케일링을 적용해 봐. 표준화(Standardization)나 정규화(Normalization) 같은 기법으로 모든 특성이 동일한 범위를 갖도록 조정해 줄 수 있어.
3. **다른 알고리즘 사용:** 현재 사용 중인 군집화 알고리즘이 데이터에 적합하지 않을 수도 있어. 그럴 땐, 다른 알고리즘을 시도해 봐. 예를 들면, 밀도 기반의 DBSCAN이나 계층적 클러스터링 (Hierarchical Clustering) 같은 방법을 사용해 볼 수 있어.
4. **차원 축소:** 데이터의 차원이 높다면, 차원 축소 기법을 적용해서 군집화 성능을 향상시켜 봐. PCA(주성분 분석)나 t-SNE 등의 방법을 사용해 데이터의 차원을 줄이고, 군집화를 적용해 볼 수 있어.
5. **이상치 제거:** 데이터에 이상치가 있을 경우, 군집화 결과에 영향을 미칠 수 있어. 이상치를 탐지하고 제거한 후, 다시 군집화를 진행해 봐.

이러한 방법들을 시도해 보면서, 군집화 결과가 개선되는지 확인해 봐. 더 나은 실루엣 계수를 얻기 위해 여러 방법을 적용해 보는 것도 좋아.

친구 같은 어조를 잘 유지하면서 ChatGPT의 특징인 개조식 설명으로 파라미터 조절이나 특성 스케일링 등을 사용할 수 있다고 친절하게 알려 준다. 질문을 추가하거나 관련 논문에 대한 코드를 작성해 달라고 하는 등으로 심화 학습을 이어나가 보는 것도 좋을 듯하다.

다음으로는 GPT-4를 무료로 사용할 수 있다고 알려져 있는 Bing[12]에서 같이 질문해 보았다.

> "군집화한 실루엣 계수를 보니까 한쪽으로 군집이 너무 쏠려 있는데 어떻게 하지?
> 친구에게 설명하는 것처럼 친절하게 말해 줘."

그림 9-21 | Bing의 답변

어조는 GPT-4나 ChatGPT보다 어색하게 느껴지지만 간결하게 설명하고 답변의 신뢰성을 높이기 위해 추가 링크를 준다는 장점이 있다.

---

12 https://www.bing.com

한국어 생성 서비스: 뤼튼

KOREAN TEXT ANALYSIS FOR EVERYONE

한국어에 적합한 서비스인 뤼튼[13]의 사용법에 대해서도 간단히 살펴 보자. 뤼튼은 생성 인공 지능 기술을 기반으로 광고 문구, 이메일 작성 등 비즈니스 분야 글의 초안을 작성해 주는 플랫폼이다. 로그인하면 과금 정책을 살펴볼 수 있고, 무료로도 사용할 수 있다.

그림 9-22 | 뤼튼 요금제

메인 페이지를 보면 뤼튼이 무엇을 할 수 있는지 직관적으로 잘 보여 준다. 한국어의 생동감 있는 표현을 사용해야 하는 과제라면 강점이 있을 것으로 보인다.

---

13 https://wrtn.ai

그림 9-23 | 뤼튼 메인 페이지

기업 광고 초안, 회사 소개 자료, 이메일 초안, 요약, 블로그 포스팅 초안, 안내 문구 작성, 질의 응답, 맞춤법 검사, 사투리 교정, 혐오 표현 교정, SNS 광고 등에 도움을 받을 수 있도록 각각의 서비스를 템플릿 형태로 제공한다. 반면 ChatGPT에서 코드 리뷰를 받은 것처럼, 템플릿 외 다른 영역으로 확장하기는 어렵다는 단점도 있다.

성능 실험을 위해 블로그에 뤼튼을 소개하는 글을 쓴다고 가정하고 소개 글 작성을 부탁해 보았다. 템플릿으로 블로그 포스팅을 선택한다. 포스팅 주제는 'WRTN.AI 소개'로 작성하고, 카테고리는 지식·동향을 선택한 뒤 **자동 생성**을 누른다. 잠시 기다리면 결과가 나온다.

그림 9-24 | 뤼튼 작성 예시

또 다른 국내 초거대 인공지능으로 네이버의 '하이퍼클로바X'도 공개 예정이라고 알려져 있다. 차별화되지 않은 초거대 모델의 무차별한 확산이 축복이라고 확신할 수 없는 시기이므로 한국어에 최적화되어 있으면서 보편적인 가치를 담고 있는 생성 모델이 탄생할 수 있기를 바란다.

찾아보기